イスラームを知る

16

スーフィー教団

民衆イスラームの伝統と再生

Takahashi Kei
高橋 圭

スーフィー教団　民衆イスラームの伝統と再生　目次

コラム

監修：NIHU（人間文化研究機構）プログラム　イスラーム地域研究

民衆のイスラーム

この名前はスーフィーたちを指す。彼らはエジプトに大勢おり、非常に尊敬されている。……彼らは驚くべき行をおこなうことでも有名である。その行とは、例えば痛みを感じることなく鉄釘を目に刺す、燃える石炭やガラスを飲み込む、剣を身体に突き刺す、針を頬に突き通すといったものである。……彼らは大勢おり、この国に迷信と幻想を撒き散らしている。またその（スーフィーの）男が狂人や知性の少ない者であった場合、彼は聖者の資質を備えていると信じられた。

この記述はアフマド・アミーン[1]著『エジプト習慣伝統表現辞典』（一九五三年）の「ダルウィーシュ」の項目からの抜粋である。ダルウィーシュとはペルシア語起源で「貧者」を意味する言葉であるが、説明にあるとおり一般にはスーフィーの別称として用いられている。

奇抜な行をおこない、人々から聖者として崇敬されるスーフィーたちの存在は、私たちがいだくイスラームのイメージとは大きくかけ離れているかもしれない。イスラームとい

1　アフマド・アミーン（1886～1954）はエジプトの思想家，文学者。

えば、唯一の神以外のあらゆる権威を認めない厳格な一神教であり、またシャリーア(イスラーム法)として知られる宗教規範の遵守を要《かなめ》とする、規律・規範重視の宗教であるというのが一般的な理解であろう。しかし実際には、このような規律・規範の背後に、より多様な信仰のかたちが存在し続けてきたのである。なかでも人々の日々の生活に根ざした民衆的な信仰は、規範のイスラームとは異なる独特の宗教伝統をかたちづくってきた。そして、このような「民衆のイスラーム」の担い手として重要な役割をはたしてきたのがスーフィーたちであったのである。

スーフィーとは、スーフィズムの実践者としてイスラームの歴史に姿をあらわした人々である。スーフィズムは、「イスラーム神秘主義」と訳されるように、もともとは禁欲や修行をつうじて神と人との霊的な合一をめざす神秘家たちの思想運動として誕生したものであった。この神秘主義の伝統は現在にいたるまで受け継がれているが、同時にスーフィズムはしだいに大衆化し、神秘家のみならず一般の民衆の間にも受け入れられていく。スーフィーたちは神秘的な力をもつ聖者とみなされ、例えば病気や災厄に直面した人々がその奇蹟による救済を願ったり、あるいは死後、天国に行けるように神へのとりなしを期待したりする存在となっていった。また、スーフィーたちは都市や農村に修行場を設け、修行場を拠点とするスーフィー教団を各地に生み出すが、このような修行場や教団は、単に修行をおこなう場にとどまらず、地域社会の結節点として住民が集い、冠婚葬祭のような日々の生活にかかわる宗教実践が取りおこなわれる場となっていく。さらに、ときにはスーフィーたちが政治とかかわることもあり、その場合には教団が政府の支持母体となったり、逆に圧力団体となったりすることもあった。

本書があつかうのは、このような民衆のイスラームの担い手として活躍したスーフィーたちであり、彼らの活動の基盤となったスーフィー教団の歴史である。イスラームの歴史のなかでスーフィー教団がはたした役割をみていくことで、単なる教義や規範の体系としてではなく、民衆の素朴な信仰を取り込み、また彼らの生活の支えとなってきたイスラームの姿を描き出すことがこの本のテーマとなる。

ただし、本書の狙いは、スーフィー教団を単に歴史的な現象として紹介するだけにとどまらない。スーフィー教団は決して過去の遺物ではなく、現代にも生き続ける宗教伝統なのである。例えば、冒頭に紹介した辞典が出版されたのは一九五三年であるが、その記述からは、この時期のエジプトにおいても、スーフィーたちが「大勢おり、非常に尊敬され」、公衆の面前で奇抜な行をおこない続けていた事実を確認することができる。そして現在でも、さすがに都市部ではその奇抜な行を見る機会はほとんどなくなったものの、エジプトをはじめとして依然多くの教団が存在し、人々の宗教活動の拠点として機能し続けているのである。

はたしてスーフィー教団は近代における社会の変化をどのように切り抜け、現在にまで命脈を保っているのだろうか。またその過程でどのような問題に直面し、それに対処してきたのだろうか。本書では、とくに近現代のスーフィー教団の歴史に焦点を合わせることで、民衆のイスラームの「今」の姿も明らかにしていきたい。

現代のイスラームといえばいわゆる「原理主義」や政治運動の動向がもっぱら注目されるが、こうした革新的な運動のかたわらで、そこには歴史をとおして受け継がれ、今なお人々の日常の信仰を支えるまた別の宗教伝統が存在している。そして、それが実は現代のムスリム(イスラーム教徒)社会のなかでも重要な役割をはたしていることを示すのが、本書の最終的な目標である。

もとよりスーフィー教団の歴史や現状は地域によって異なるが、この本ではとくにエジプトの事例を取り上げる。エジプトは中世以来イスラームの宗教文化の中心地の一つとして栄え、スーフィーたちの活動も非常に活発にみられた国の一つである。同時に、この国は十九世紀以降急速な近代化を経験し、二十世紀には世俗的な民族国家となったが、このような近代化や世俗化のなかで、スーフィーたちの担う民衆的な信仰は、さまざまな問題に直面しつつも、現在まで生きながらえている。このように、スーフィー教団の前近代における繁栄と、近代化のなかでの変遷を考えるうえで、エジプトは格好の事例を提供する地域の一つといえるのである。

本書を構成する五つの章は、基本的には教団の歴史を時系列的に追うかたちで並べているが、同時に章ごとにそれぞれ核となるテーマを設けている。まず、最初の二章では前近代までの伝統的なスーフィー教団の姿を明らかにする。第1章で教団の形成にいたる歴史的な過程をスーフィズムの誕生から遡って概観したうえで、第2章ではオスマン朝期のエジプト(十六〜十八世紀)を事例に、前近代のムスリム社会のなかで教団がはたした役割を具体的に紹介する。

残りの三章では近現代をあつかう。第3章では十九世紀後半以降に高まるスーフィー教団への批判の動きを、当時の政治的・社会的背景を重視しながら考察する。一方、第4章では、十九世紀のムハンマド・アリー政権下でおこなわれた教団統制の展開を追いながら、教団と近代国家との関係について考える。そして、最後の第5章では、近代化のなかで教団がどのような道のりをたどったのか、二十世紀初頭から現在にいたるまでの流れをみていきたい。

第1章　スーフィー教団の成立

スーフィズムの誕生とその展開

スーフィズムは九世紀半ば頃に現在のイラクで生まれ、その後、イスラーム世界全域に拡大した思想運動である。一般に「イスラーム神秘主義」という訳語があてられることが多いが、この思想運動は内面的な信仰の深化をテーマとする敬虔《けいけん》主義運動の潮流と広く定義することができ、その点でかならずしも神秘主義思想という側面だけで説明できるものではない。とくに、運動がのちにスーフィー教団というかたちで大衆化し、民衆的な信仰を取り込んでいったことは、スーフィズムの社会的意味を考えるうえで見落としてはならない点である。この大衆化については第2章で詳しくあつかうこととし、本章ではスーフィズムがどのようにして「教団」という社会集団のかたちを成すにいたったのか、その歴史的経緯を追ってみたい。

さて、先述のようにスーフィズムは広く内面的な信仰を追求する思想運動と定義することができるが、他方でこれがもともと神秘主義を核に展開された思想であり、神秘体験にいたるための修行というかたちでその実践が体系化されたものであったことも確かである。内面的な信仰を深めるというスーフィズムのテーマは、その信仰の対象である神との霊的な合一をめざす神秘主義思想・運動へと収斂《しゅうれん》していく。内面的な信仰を深めた先に、神と人との合一（「神人合一《しんじんごういつ》」）という究極の体験が待っており、スーフィズムの実践はこの体験にいたるための修行と位置づけられたのである。

なお、このような思想運動の発生や高まりの背景に、当時のムスリム社会に対する批判という、社会的な問題意識があったことも見逃してはならない。当初、アラビア半島の都市マディーナ（メディナ）の片隅で、少数の信仰者たちが肩を寄せ合って暮らす共同体として始まったムスリムの国家（ウンマ）は、急速にその支配領域を拡大し、八世紀までにはインド北西部からイベリア半島にいたる広大な地域を支配する巨大な帝国（ウマイヤ朝）へと発展した。この状況下でムスリムは莫大な富や権力を手にするが、このような物質的繁栄がむしろその信仰心の堕落を生み出しているという危機意識が、一部の人々を内面的な信仰の追求へと向かわせることになったのである。

また、九世紀半ばはイスラームの教えがシャリーア（イスラーム法）として体系化されていった時期でもあるが、そのなかで、人々がひたすら形式的な規範を守ることに専念し、心で信仰するという宗教本来のあり方をないがしろにしているという批判も、内面的な信仰を強調するスーフィズム成立の要因となった。

さて、九世紀半ばから十世紀半ばにかけての一世紀は、スーフィズムが思想体系として確立した時代である。この過程でスーフィズム特有の思想や概念がかたちづくられることになったが、本書ではその詳細はあつかわない。ここでは、やはり同時期に体系化された修行論を手がかりに、具体的にスーフィーたちがどのような修行をおこなっていたのかをみてみよう。

まず、修行を志す者は、すでに修行を終えて神との合一をはたした人物に弟子入りをし、その指導のもとに修行を進める。[1]「師をもたない者には悪魔が師となる」という言葉があり、一人で勝手に修行をおこなうことは非常に危険であると考えられた。修行は一人でおこなうものではなく、導師と弟子との関係性が重視される。この点で、スーフィズムは個人の内面的な信仰をテーマとしつつも、それを人間関係のなかで追求するという共同体的な性格をもつ運動であった。そして実際に、その成立当初から各地に導師と少数の弟子からなるスーフィーたちの共同体が形成されていたことを確認することができる。

修行の内容は導師の方針によって違いはあるものの、その方法論はある程度体系化されていった。この修行の方法論は「タリーカ」とよばれた。タリーカは「道」を意味する言

[1] 修行者は一般にムリード(求道者)とよばれる。スーフィーの導師は地域によってさまざまな呼称があるが，エジプトでは通常，宗教指導者全般をさすシャイフ(長老)という呼称が用いられる。

葉であり、そこにはスーフィズムの修行が神にいたる道であるとする理解が反映されているのである。

神人合一の境地にいたるためには、ひたすら神に思念を集中し、神に近づくための努力を続けなければならない。現世への執着はこのような取り組みを妨げるものであるため、修行者は神への思念を妨げるあらゆる欲望を克服することが求められた。したがって、修行はまず欲望を克服するための食事や睡眠の制限といった禁欲を主体としつつ、神に思念を集中するためのさまざまな行をこなすかたちをとった。また、修行者は導師や同胞との関係における礼儀作法（アダブ）の面でもさまざまな規範を課せられた。そして、このような修行における禁欲や礼儀の重視から、スーフィズムのもう一つのテーマとして「倫理」という側面があらわれることになる。神人合一をめざすスーフィーたちは倫理的にも優れたムスリムでなければならず、スーフィズムはそうした倫理を学び、実践するための学問（倫理学）としての性格も備えるようになっていく。

修行者がおこなう具体的な行としては、クルアーン（コーラン）を繰り返し読誦《どくしょう》することや瞑想、あるいはウィルドやヒズブとよばれる、とくに導師がクルアーンの章句を織り込んで定式化した祈禱《きとう》句を決められた時間に読むことなどがあげられるが、なかでももっとも重要な行がズィクルとよばれる儀礼である。ズィクルは「話」「想起」といった意味の言葉であり、この儀礼で修行者が話し、想起するのは神である。修行者たちはひたすら神の名やシャハーダ[2]（信仰告白）を連禱《れんとう》することで、神に思念を集中し、最終的には忘我状態にはいって神秘体験をすることになる。また修行法が確立するなかで、唱句・節回し・呼吸法・身体動作といったズィクルの様式も定式化されていった。とくに、その後スーフィーの流派が形成されると、ズィクルの様式は流派ごとに特徴を備えたものとなっていく。

修行を完遂した修行者は、神人合一の境地にいたる。この境地をスーフィズムの言葉ではファナー（消滅・消融）とよぶ。ファナーの境地は、自らの主体（自我）が消滅し、その思念の対象である神への意識によって自己の内面が満たされる状態と説明される。「神を想う」主体（人）が「想われる」客体（神）に包まれて一体となった状態であり、これこそが神と人との合一の体験ということになるのである。

以上、その修行に焦点をあてながらスーフィズムの特徴をまとめたが、こうしたスーフィーたちの営みに対して、当初、ウラマー（イスラーム学者）の多くは懐疑的な立場をとった。神人合一を究極の信仰体験として追求するスーフィーたちの言動は、ときにシャリーアの規範と抵触する極端な主張や実践へとつながっていくこともあった。よく知られるのが、神人合一体験のなかで、その境地を「我は神なり」という言葉で表現したハッラージュ（八五七／九～九二二）の例である。この言葉は、スーフィーたちの立場からみれば、自

2　シャハーダはイスラームの五行の一つである。

▲18世紀のイスタンブルにおけるズィクル

▲19世紀のカイロにおけるズィクル

▲現代のエジプトにおけるズィクル

我が消滅した状態で発せられたものであり、いわばその発言者は神ということになるが、これはウラマーからすれば神を冒瀆《ぼうとく》する許しがたい発言であった。結局ハッラージュは捕えられ処刑されることになる。このように、その成立期にはスーフィズムは異端すれすれの教義として、しばしばウラマーの激しい批判の対象となった。

他方、この状況を問題視し、内面的な信仰の追求は外面的な規範を守りながらおこなわなければならないと主張して、シャリーアの規範を守ることを重視するスーフィーたちもあらわれるようになる。また、逆にスーフィーたちの説く内面的な信仰の重要性を理解し、スーフィズムに傾倒するウラマーもあらわれた。

そして十世紀半ばから十二世紀半ばにかけては、このようなスーフィーやウラマーたちによって、両者の対立を克服すべくスーフィズムとスンナ派教義とのすり合わせが進められた。多くの思想家たちが両者の接合をはかったが、なかでもその大成者として知られるのがアブー・ハーミド・ガザーリー(一〇五八～一一一一)である。ウラマーであると同時にスーフィーでもあった彼は、イスラームの信仰には内面的な信仰と外面的な規範がともに欠かすことのできな

▶ハッラージュの処刑

いものであるとし、スーフィズムを宗教諸学の一分野として理論的に位置づけた。この理論化をつうじて、スーフィズムはシャリーアと対立するものではなく、むしろそれを内側から支える知と実践の体系としてウラマーにも受け入れられるようになった。

このガザーリーの業績を一つの完成形として、以後、スーフィズムはスンナ派の正統教義のなかに確立することになる。それまでのスーフィズムの教義のなかに、ときにみられた極端な思想が排除され、スーフィーたちの営為がシャリーアにのっとったものと認められると同時に、宗教諸学の一分野と位置づけられたスーフィズムは、修行を志さないウラマーであっても身につけるべき必須の教養の一つとなっていったのである。

ムスリム政権とスーフィーたち

スーフィズムがスンナ派の正統教義のなかに確立した十二世紀は、政治的にはシーア派の台頭とアッバース朝(七五〇～一二五八年)の衰退の時代であった。しかし、こうした政治状況は、ある意味ではスーフィズムの繁栄をむしろ促進する結果をもたらした。

ウマイヤ朝(六六一～七五〇年)を打倒してウンマの支配権を手中に収めたアッバース朝は、十世紀頃からは内憂外患にさらされて衰退の道をたどっていた。この時期はチュニジアに興ったシーア派の一派がエジプトにファーティマ朝(九〇九～一一七一年)を建国して勢力を拡大する一方で、アッバース朝領内では各地に地方政権が乱立し、カリフ[3]の実質的な支配力は著しく低下していた。そして九四六年にはシーア派を奉じるブワイフ朝（九三二〜一〇六二年）がアッバース朝の首都バグダードを支配する事態にまでいたる。一方、一〇五五年からブワイフ朝にかわってバグダードを支配したセルジューク朝（一〇三八〜一一九四年）はスンナ派を奉じる王朝であり、アッバース朝カリフとの協調のもとで、シーア派のファーティマ朝に対抗すべくスンナ派振興策を進めることになる。

セルジューク朝のスンナ派振興策は、ニザーミーヤ学院として知られる一連のマドラサ[4]の創設に代表される。このマドラサ創設はスンナ派振興を担うウラマーの養成をめざした事業であった。なお先に紹介したガザーリーもこの学院で学び、またそこで教師を務めた人物である。

同時にスンナ派振興策は、政権によるスーフィーたちへの支援というかたちでも進められた。セルジューク朝政権は、マドラサ創設と並行して、ハーンカーとよばれるスーフィーたちの修行場の建設に力をそそいだ。ハーンカーは単に修行をおこなうだけの場所ではなく、通常はスーフィーたちの居住施設も兼ねており、いわばスーフィーたちは政権によって衣食住

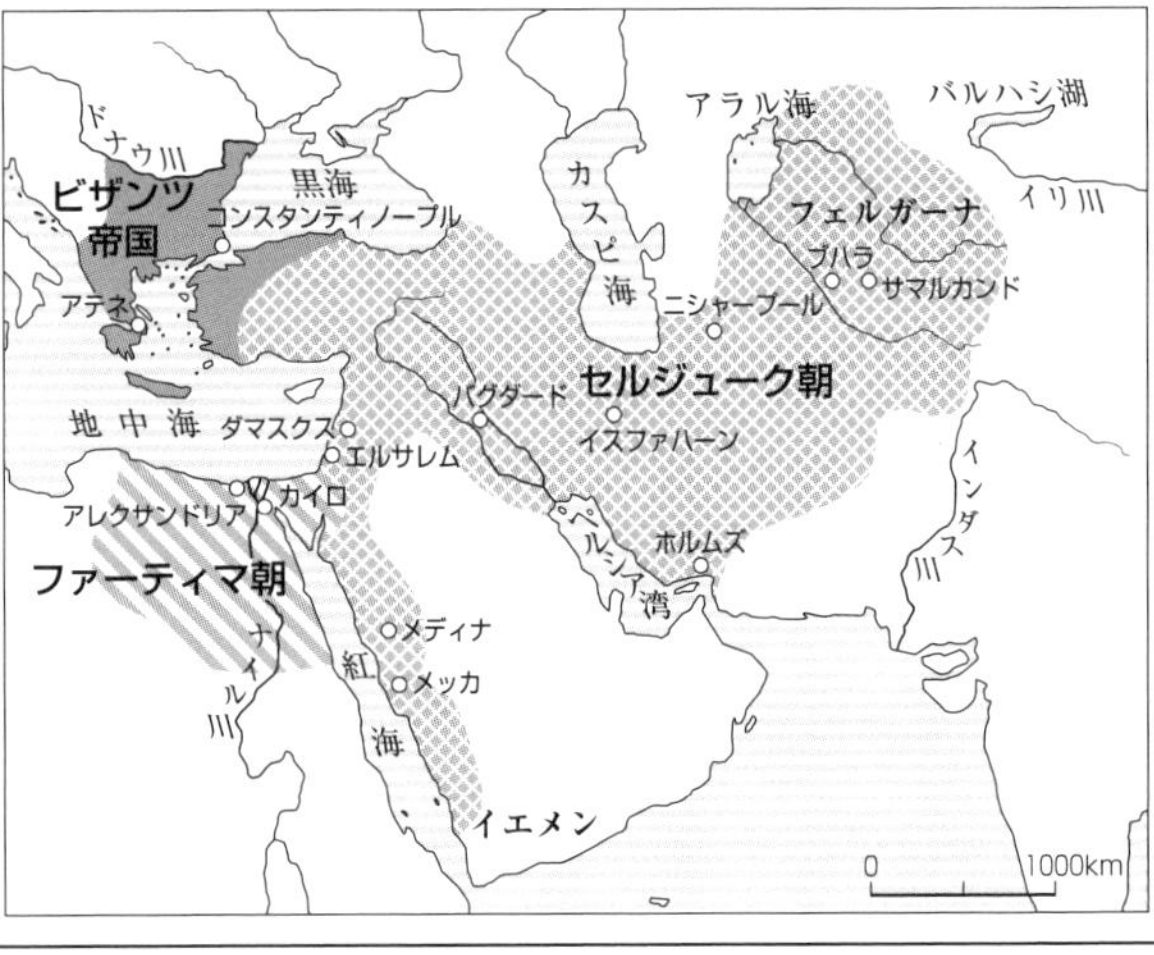

▶セルジューク朝の版図

をまかなわれながら修行に専念することができるようになったのである。

なおこのようなウラマー・スーフィー支援の背後に、彼らを政権の側に取り込むことで支配の円滑化をはかるという強い政治的な意図があったことも指摘しておかなければならない。アッバース朝のカリフが預言者ムハンマド（五七〇頃〜六三二）の後継者という資格でウンマを支配していた一方で、セルジューク朝をはじめとする地方政権の支配者たちは武力で支配権を手にいれた軍人であり、カリフのような宗教的な権威を有してはいなかった。そのため、彼らは自らの支配の宗教的な正統性をムスリム臣民に示す必要があったが、そこで目をつけたのがウラマーやスーフィーといった宗教知識人たちだったのである。支配者たちはウラマー・スーフィーを支援することで、自分たちが敬虔なムスリム君主であることを印象づけると同時に、支援をつうじて彼らを体制側に引きつけることで、宗教勢力の統制もはかったのである。そして、こうした支配と表裏一体の関係にある支援は、その後のムスリム政権の宗教政策にも踏襲されていくことになる。

ながらくシーア派政権の支配下にあったエジプトは、一一六九年のアイユーブ朝成立をもってスンナ派世界に復帰することになる。そして、アイユーブ朝（〜一二五〇年）、マムルーク朝（一二五〇〜一五一七年）、オスマン朝[5]（一二九九〜一九二二年）とエジプトを支配した歴代政権のもとで、スーフィーたちは一貫して政権からの手厚い支援を受け続けた。

[3] 正確には「ハリーファ」。「後継者」「代理人」を意味する。預言者ムハンマドの跡を継いでウンマを統治する支配者を指す。

[4] 字義どおりには「学校」を意味し，前近代にはもっぱらイスラーム教育をおこなう宗教教育機関を指した。

[5] エジプトは1517年にオスマン朝の支配下にはいり，形式上は1914年にイギリスの保護国となるまでその属州の地位にあった。ただし，フランスの軍事占領(1798〜1801年)をへて，1805年に総督に就任したムハンマド・アリーの治世下に大幅な自治権を獲得し，オスマン朝からは半ば自立をはたすことになった。こうした実態を踏まえて，一般に「オスマン朝期エジプト」といった場合は，1517年の属州化からフランスに占領される1798年までの時期を指す。

エジプト初のハーンカーは、一一七四年にアイユーブ朝のサラーフ・アッディーン(サラディン、一一三八〜九三)が建設したダール・サイード・アッスアダー、あるいはサラーヒーヤとよばれるもので、三〇〇人ものスーフィーたちが生活する非常に大規模な施設であった。そしてその後、マムルーク朝政権下でも、支配者たちがパトロンとなった同様の大規模なハーンカー建設事業が継続されていったのである。

修行道から流派へ

十二世紀から十三世紀にかけては、スーフィズム内部にも変革の動きがみられた。この時期から、特定の導師を開祖とし、その修行方法を継承するスーフィーたちの流派が形成されていくことになる。そして、もともと修行道を意味していた「タリーカ」が、この時期からはこうした流派を指す言葉として用いられるようになった。

流派形成の要因として、ムスリムたちの宗教的な統合を担っていたアッバース朝カリフの権威が低下し、さらに十三世紀にはモンゴルの征服によって王朝が消滅する状況のなか、カリフにかわる新たな宗教権威としてスーフィーたちの存在感が強まっていったとされている。導師は単に修行を指導するだけの人物ではなく、ムスリムを導く宗教指導者としての役割を期待されることになる。そして、こうした導

▶**マムルーク朝スルタン，バルクークの建設したハーンカー**(エジプト，カイロ)

師のもとに集まった人々によって、その死後も導師の教えが継承され、これが導師の名前を冠する流派の誕生につながっていったのである。

それぞれの流派が受け継ぐ開祖の「教え」とは、修行の理念や方法、儀礼様式などさまざまである。例えば、日本でもよく知られている、音楽に合わせて集団で旋回するセマーとよばれる儀礼は、メヴレヴィー派の様式である。開祖ジャラールッディーン・メヴラーナー(一二〇七～七三)が実践したものを弟子たちが受け継ぎ、この流派特有の儀礼様式として定着した。また、ズィクルの様式も流派によって違いがあり、多くの流派では神の名前を連禱するかたちをとるのに対して、ナクシュバンディー派は無言でこれをおこなうのが特徴的である(これは「沈黙のズィクル」とよばれる)。修行倫理の面でも流派によって違いがあり、ハルワティー派では修行者は社会からできるだけ身を引いて修行に専念することが求められるのに対して、シャーズィリー派では労働を重視し、社会との積極的なかかわりが推奨される。

開祖の教えは師弟関係をつうじて継承されていくが、このような流派の連続性はさまざまな儀礼をつうじて可視化された。まず修行を志す入門者

◀セマー

はバイアとよばれる師弟の誓いを導師との間に結ぶことで、はじめてその流派を学ぶことが許される。次に修行を完遂した人物は導師からイジャーザとよばれる免状を授与され、これによって流派の教えを習得したことが示され、自らが導師となってその教えを次世代へと伝えることが認められる。バイアやイジャーザの授与の際、あるいはそれ以外の修行のさまざまな段階で、修行者は導師からヒルカとよばれる衣を与えられる慣行もみられたが、これも師弟のつながりを象徴する儀礼の一つである。

こうした儀礼に加えて、流派の連続性をもっとも明確に表現するのがスィルスィラとよばれる師弟関係の系譜である。流派の継承者の名前が示されたこの系譜は、スーフィーたちにとって、自らもそこに連なる、流派の正統性を示す証拠であった。ただしここで注目すべきは、この系譜は通常、開祖からではなく預言者ムハンマドを起点とし、教友[6](サハーバ)やムハンマドの子孫たちをへて開祖にいたり、その流派につながっていくものであるという点である。すなわちスーフィーたちにとっては、預言者ムハンマドこそが最初の師であり、彼らが受け継ぐ「教え」は、もともとはムハンマドから継承したものとされるのである。つまりスィルスィラは、自らの

▶カーディリー派のスィルスィラ
(20世紀初頭)　各円のなかに継承者の名前が記されている。

流派の連続性を示すと同時に、そのイスラーム的な正統性を担保するものでもあった。

では、具体的にどのような流派が存在するのだろうか。代表的な流派としては、まずイラクに生まれた、アブドゥルカーディル・ジーラーニー(一〇七七／八〜一一六六)を開祖とするカーディリー派とアブドゥルカーヒル・スフラワルディー(一〇九七頃〜一一六八)を開祖とするスフラワルディー派がある。イラクはスーフィズムの揺籃《ようらん》の地であり、最初に流派が誕生したのもここであった。その後、カーディリー派はエジプトを含むイスラーム世界全域に、スフラワルディー派はとくに南アジアに広く根づいた。同じくイラクに生まれた流派にはアフマド・リファーイー(一一〇六〜八二)のリファーイー派があり、これもエジプトを含む世界各地に広がっている。同様に世界各地に展開した流派としてはブハラ近郊で生まれたバハーウッディーン・ナクシュバンド(一三一八〜八九)を開祖とするナクシュバンディー派がある。アフリカに目を向ければ、モロッコ出身のアブー・ハサン・シャーズィリー(一一九六頃〜一二五八)を開祖とするシャーズィリー派が有名である。

一方で特定の地域に根ざし、その地域性を色濃く反映するローカルな流派も数多く存在する。例えばハジュ・ベクタシュ(一二七〇年頃没)を開祖とするベクタシー派は、アナトリアを中心にバルカン半島などにも広がったが、トルコ系遊牧民のシャーマニズム的信仰を強く残す習合的な流派として知られている。一方、ムイーヌッディーン・チシュティー

6 教友とは，預言者ムハンマドとじかに接した初期世代のムスリムを指す。ムハンマドから直接教えを受けた人々であり，その言行は見習うべき模範として後世のムスリムから尊重された。

（一二三六年没）を開祖とするチシュティー派は南アジアでもっとも有力な流派である。

エジプトに根づいた流派としてはアフマド・バダウィー（一一九九／一二〇〇～一二七六）のアフマディー派（バダウィー派ともよばれる）とイブラーヒーム・ドゥスーキー（一二八八／九七年没）のブルハーミー派（ブルハーニー派、バラーヒマ派、ドゥスーキー派などともよばれる）をあげる必要があるだろう。エジプトではこの二つに、カーディリー派とリファーイー派を加えた四つがとくに民衆に支持される代表的な流派とされている。

スーフィー教団の出現

スーフィズムの修行は師に弟子入りしておこなわれるため、その成立当初からスーフィーたちは導師とその弟子たちで構成される共同体を形成していた。しかし、このような共同体は通常、非常に小規模で組織性をもたず、多くの場合導師が亡くなるとそのまま消滅するような性格のものであった。しかし、流派というかたちで導師の教えが弟子たちに継承される制度が確立すると、スーフィーたちの共同体もまた流派の存続を担う社会集団として持続性を備えるようになっていく。そしてこの流派を支える持続的な社会集団こそがほかならぬスーフィー教団である。なおアラビア語ではスーフィー教団もまた「タリーカ」とよばれた。すなわち「タリーカ」にはスーフィーたちの流派と、その流派を受け継ぐ教団の二つの意味があることになる。

流派の多くは「教団」として組織化され、流派の継承を保証するシステムはそのまま教団の存続を支える制度にもなった。バイアは弟子入りと同時に教団への入会を意味する儀礼であり、イジャーザはその保持者に継承した流派名を冠する教団を組織する権威を与えるものであった。このように、流派と教団は互いが互いの存続を支える表裏一体の関係にあったが、歴史的には流派の学習・継承と教団への所属がかならずしもイコールの関係では結ばれない事例もあったことに注意したい。

例えば、オスマン朝期のエジプトではしばしば正式な入門をせずに修行に参加するという関わり方がみられた。また、第2章で述べるように、教団が大衆化すると、そこには修行者ではない一般の人々が導師の聖なる力に与《あずか》るために集まるようになる。こうした人々にとっては、教団への参加はその流派を継承することを意味するものではなかったといえるだろう。このようなかたちで教団に参加する非修行者たちは、エジプトではムヒッブ(愛好者)とよばれた。

このように、流派と教団はかならずしも同定されるとはかぎらないが、それでも教団が基本的には流派を継承する社会集団として存在意義をもち、存続をはたしてきたことは疑いのない事実である。

また、このような理念的な要因とは別に、教団の存続を支えたもう一つの要因として経済的な側面があったことも見落としてはならない。たとえどれほど素晴らしい教えを受け継いでいたとしても、それを継承する集団を維持するための物質的基盤がなければ、教団が社会のなかで生き残ることは不可能だったはずである。この点については、支配者や有力者からの支援とワクフ[7]をつうじた収益の確保が主たる基盤となった。

先に述べたように、セルジューク朝以降、支配者たちは修行場の建設などをつうじてスーフィーを経済面で支援したが、こうした支援は教団に対しても引き続きおこなわれた。むしろ、スーフィーたちの活動が教団という単位にまとまったことで、スーフィー支援のすそ野はさらに広がることになる。エジプトでは通常ザーウィヤとよばれる教団の修行場の多くは、導師個人が運営する比較的小規模の施設であった。大勢のスーフィーたちを養う大規模なハーンカーの建設が、もっぱらそれだけの財力をもつ一部の支配層にかぎられていたのに対して、ザーウィヤの建設は富裕な商人や官僚など、より多くの層に開かれた事業となったのである。エジプトではとくにオスマン朝期にはいってから、大規模なハーンカーの建設にかわってザーウィヤの建設がスーフィー支援のかたちとして一般化するようになった。

さらに、教団の物質的基盤を存続させる働きを担ったのが、イスラーム独特の寄進制度

7 ワクフとは，一般に不動産(土地や店舗など)を寄進し，そこからえられる収益を特定の慈善事業にあてる制度である。寄進の対象となる慈善事業としてはモスクやマドラサの運営が一般的であるが，ここで述べるように，教団の修行場の多くもこの制度によって運営された。

として知られるワクフである。教団への経済支援は多くの場合、ワクフ寄進というかたちでなされ、修行場をはじめとする教団の施設やそこでの活動は、ワクフ財源からの収益によって運営・維持された。ワクフの管理権は通常は歴代の導師が受け継いだが、これは導師が教団の財産を掌握することを意味し、導師の経済的・社会的な力を高める効果を生んだ。また多くの教団で導師の地位は世襲されるようになったが、このことはいわば「教え」と「お金」が特定の一族に占有されることを意味した。すなわち宗教的な権威と経済的な力を継承するスーフィーの有力家系がここに登場することとなったのである。

オスマン朝期のエジプトでは多くの教団で導師の地位が世襲され、そうした導師の家系の多くは、その宗教的権威と経済力を背景に社会的エリート層の一端を形成していた。なかでもバクリー教団を率いるバクリー家とワファーイー教団を率いるサーダート家はスーフィーの二大名家として知られ、その家長はエジプト社会の有力者として政治的にも強い影響力をもった。

教団組織の実態

さて、スーフィー教団とは実際にどのような団体だったのだろうか。最後に教団の組織面についてみていきたい。一般に教団は、導師を頂点とするヒエラルキー的な組織であったと説明される。教団の長はもちろん導師であり、その下にすでに修行を終え、次なる導師の候補と認められたハリーファ[8]たちがいる。ハリーファは、導師の生前はそのもとにとどまって補佐役を務めたり、あるいは自ら修行者を指導したりすることもあれば、導師のもとを離れて別の土地で弟子をとることもある。そしてハリーファの下にムリード（求道者）とよばれる修行中の弟子たちがいる。

ただし、このようなヒエラルキー的な構造はどちらかといえば理念的なものであり、かならずしもこれが教団組織の実態ではなかった。中世においては、大部分の教団は実際には厳密な組織性を備えていたわけではなく、よりゆるやかな集団であったと考えられる。多くの教団は、導師がハリーファをつうじてムリードを管理するといった上意下達式の組織体というよりは、あくまでも師と弟子の対面的な関係を基本として成り立っていた。したがって、例えば末端の修行者にとっては、直接の指導にあたるハリーファこそがその師であり、逆にこうした直弟子を何人もかかえるハリーファは、彼の受けもつ地域のなかでは事実上の導師として弟子たちの指導をおこなった。

総じて、前近代の教団の多くは分権的な組織であった。そしてこうした分権性は、教団が分裂を繰り返しながら各地へと展開していく現象を理解する際に重要なポイントとなる。修行を完遂した弟子はハリーファとしてそのまま導師のもとにとどまって弟弟子たちを

[8] アラビア語で「後継者」「代理人」を意味し，ウンマを統治する支配者の称号（カリフ）と同じ用語である。なお，その呼称は地域によって違いがあり，例えば南アジアや北アフリカなどではムカッダム（長）という称号でよばれることが一般的である。

指導し、導師亡き後はその跡を継ぐことになるが（ちなみにその際には、ときに後継者争いも生じた）、多くは導師のもとを去り、独自の新たな教団を形成することになる。また導師によってほかの土地に派遣され、流派の教えを広めるように命じられることもあった。

このような教団の拡大は、しばしば、各地に派遣された弟子たちが教団の「支部」を設立したと説明されることがあるが、これは厳密にいえば正確ではない場合が多い。導師のもとを離れて新たにつくられた教団は組織的には独立し、その後「本部」にあたる教団とはほとんど接触をもたないことも珍しくはなかった。両者とも同じ流派であることは確かであるが、組織的なつながりは希薄であり、その点で同じ教団ではないともいえる。個々の教団は、往々にしてそれぞれの地域の習俗などを取り込みながら土着化していくことが普通であり、「本部」の指示のもとで全国の「支部」が足並みをそろえるような活動を展開していたわけではない。

それではこれまでの話を踏まえて、教団の拡大・定着の典型的なパターンを描き出してみよう。ある導師のもとで学んだスーフィーは、修行を終えた後は別の町に赴き、そこで自らが導師となる新たな教団を創設する。その教団は彼が継承した流派の名前を冠するが、もともと彼が学んだ教団とは組織的なつながりはない。もし彼が導師として成功すれば、その町で多くの弟子を獲得することになり、またおそらくはその町の支配者や有力者たちの支援で立派な修行場とそれを支える豊富な財源を手にすることになる。そして、彼が継承する流派の宗教的権威、個人のカリスマ性、それから支配者や有力者とのつながり、そしてその豊富な資金力を背景として、やがて彼自身もその町の有力者となっていく。さらに、こうした資本を彼の子孫たちに継承させることができれば、この導師の一族はその後も名士の家系として影響力をもち続けることが可能となる。一方、この導師のもとで学んだ弟子たちはその後独立し、新天地を求めて各地に散らばっていく。そしてその先で何人かはおそらく新たな導師として教団をつくり、この流派の存続とさらなる拡大をはかることになるのである。

第2章　ムスリム社会のなかのスーフィー教団

民衆とスーフィー教団

スーフィー教団の特徴を考えるうえで見落としてはならないのは、教団が修行者だけでなく一般の人々も参加する民衆的な性格をもつ団体であったという点である。そしてその拠点である修行場もまた、修行の場にとどまらず、地域社会のなかで住民たちの日々の信仰生活を支える場としての役割をはたすようになる。

それでは、一般の人々は何を求めて教団に参加したのだろうか。この章では、教団と民衆との関係に着目し、これが前近代のムスリム社会のなかではたしたさまざまな役割をみていきたい。

教団と民衆とのつながりを支えたのは、特定の人物を神に選ばれた聖者とみなし、彼らのもつ特別な力に現世利益や来世での救済を期待する民衆側の信仰であった。聖者は神からバラカとよばれる特別な恩寵《おんちょう》を授かっており、奇蹟（カラーマ）を起こすことができると信じられた。この信仰形態をここでは聖者崇敬とよぶことにする。

聖者崇敬は、厳格な一神教として知られるイスラームにも広くみられる信仰のかたちである。神学者たちは、クルアーン（コーラン）の「まことに神の友（ワリー）には本当に恐れもなく、憂いもないであろう。彼らは神を信じ、畏れていた者たち」（一〇章六二・六三節）という章句を根拠に、神に選ばれた特別な人間である「神の友（＝聖者）」が存在することを教義的にも認める立場をとった。しかしながら、このような信仰は、神学者たちが教義として規範化・理論化したものというよりは、むしろ人々の日々の営みのなかから生まれたものであったとも考えられる。特定の人物を聖者とみなして崇敬するという発想は、多くの地域に古くからみられる信仰のかたちであり、おそらくはそうした地域にイスラームが受容されたのちも、これが「イスラームの聖者」を崇敬する信仰へと姿を変えながら生き残ったと考えることができるかもしれない。

スーフィーの流派・教団が出現した背景には、十二世紀から十三世紀にかけてのアッバース朝の衰退・消滅とスーフィー導師の宗教権威の高揚があったことはすでに説明したが、この現象を支えたのはほかならぬ聖者崇敬であった。神との合一をはたした導師はいわば神に選ばれた人物であり、普通の人間よりも神に近い存在、また神の意思を知る存在とみなされた。導師は聖者として奇蹟を起こす、あるいは人々が死後に天国へ行けるように神にとりなしをしてくれる存在として民衆を惹きつけたのである。

そして、聖者である導師の死後は、その系譜を受け継ぐ後継者たちがその聖なる力も受け継ぐとみなされた。スーフィーたちは流派の開祖から師弟関係をつうじてその神秘の知を教わっており、また導師の地位が開祖の一族に世襲される場合は、血統をつうじて聖なる力が子孫たちに継承されていると考えられた。このように、スーフィーの流派には、開祖の「教え」を受け継ぐという側面だけでなく、その聖なる力——これをここでは「聖性」とよぶことにする——を受け継ぐという側面もあり、歴代の導師たちはそうした聖性を体現する存在でもあった。一般の人々が教団に参加する理由は、導師との接触をつうじてこのような聖性に与《あずか》ることにあったのである。

聖者は死後も墓のなかから人々の願いを聞き、人々に恩寵を分け与えたり、奇蹟を起こしたりすると信じられた。したがって人々は現存する聖者のみならず、過去の聖者たちへの崇敬もおこなうようになり、聖者たちの墓廟は人々の崇敬の場となっていった。このような聖者の墓参りの慣行を聖墓参詣(ズィヤーラ)とよぶ。そして、スーフィーたちの修行場には、多くの場合、その流派の開祖や歴代の導師たちの墓廟が併設されていたことから、修行場・墓廟は人々が聖者に祈願をするために集まる参詣地となっていく。また、墓廟ではそこに眠る聖者たちの誕生日を祝して定期的に祝祭が開催されるようになるが、それはスーフィーだけでなく地域全体で人々が聖者の恩寵に与る「祭り」の場として賑わうことになる。なお、こうした聖者の生誕祭はマウリドとよばれる。

このように、スーフィー教団は修行者たちが開祖の教えを受け継ぐ修行の場としてだけでなく、聖者たちの聖性を受け継ぎ、それを人々に顕現させる場として民衆を惹きつけたのである。もちろん聖者と目されたのはスーフィーだけではなく、スーフィズムとは無関係の聖者も数多くおり、その点で聖性の継承や顕現は教団の専売特許ではなかった。しかしながら、教団が民衆の間に幅広い支持を広げるなかで、スーフィーたちが聖者崇敬のおもな担い手となっていったことも事実である。

ムスリムの聖者を代表する存在は預言者ムハンマドであり、彼の生誕祭は現在にいたるまでイスラーム世界各地で大規模に祝われている。また、預言者の子孫たちの多くも聖者とみなされている。彼らは一般的な意味ではスーフィーではないが、そのマウリドにはスーフィーたちが参加し、ズィクルをはじめとする儀礼を披露して預言者やその子孫たちの生誕を祝った。オスマン朝期のカイロでは、預言者ムハンマドのマウリドとその孫であるフサイン[1]のマウリドがもっとも大規模であったが、前者の運営を担っていたのがバクリー家、後者がサーダート家であった(一一三頁参照)。両家とも預言者ムハンマドの血統を受け

1　フサイン(626〜680)は預言者ムハンマドの娘ファーティマと，ムハンマドの従弟アリーとの間の息子。ウマイヤ朝初代カリフ，ムアーウィヤの息子ヤズィードのカリフ継承を認めず，反乱を試みたが，イラクのカルバラーで政府軍に包囲され，殺害された(カルバラーの悲劇)。カイロのフサイン・モスクにはその際に斬られた彼の首が埋葬されていると伝えられており，このモスクはカイロ住民の最大の参詣地となっている。

継ぐ家系であり、このことがマウリドを主催する根拠ともなっていたが(つまり自分たちの先祖の生誕祭を祝っていることになる)、同時に両家がスーフィーの有力家系であったことも見落としてはならない。これら二つのマウリドにはエジプトの主要な教団のほとんどが参加しており、この点でスーフィーたちの祝祭であったとみなすことができるのである。

倫理・聖性・娯楽

スーフィズムがもともとは神との合一をテーマとしたいわば究極の信仰体験をめざす運動であったとしても、この運動が聖者崇敬と結びつき、教団というかたちで民衆を取り込んだことは、この運動に単なる神秘主義をこえた多面的な特徴を付与することになった。この点で、スーフィズムを神秘主義とし、教団を神秘主義修行の実践集団という側面だけからみることは、その多面性を見落とす結果につながることになる。

実際には、人々はスーフィーの導師にさまざまな意味を見出しており、導師の率いる教団に関与する動機やその関わり方も多様であった。ある人にとっては、導師は神との合一の境地にいたるためにおこなう修行の師であり、教団への加入はほかならぬ神秘主義修行をおこなうためであったに違いない。あるいは別の人にとっては、導師は倫理的に優れた模範的なムスリムであり、教団はその優れた倫理に倣《なら》うために内面の修養をおこなう場であったかもしれない。また別の人にとっては、導師は奇蹟やとりなしによって現世と来世で人々を救済する聖者であり、教団はそうした聖者に触れることのできる場であった。さらには人によっては、スーフィーは祭りでおもしろい芸を見せてくれる人々であり、この観点では教団は娯楽の場であったともいえる。あるいは、貧しい人にとっては、スーフィーの修行場は無料で食事ができる場として重宝されていたかもしれない。

このようなスーフィズムの多面性は、決して相互に排他的なものではなく、多くの場合は重なり合うものであった。修行に励むスーフィーたちの多くは、開祖や導師たちを修行の師であると同時に聖者ともみなして崇敬していたのである。

他方でこうした多面的な特徴のうち、どの部分を重視するか、あるいはどの部分を排除するかという点の相違に、ある程度社会階層の差が反映されていたことも事実である。一般的に、民衆の多くが教団に聖性や娯楽の側面を見出したのに対して、ウラマーは倫理に重きをおいた。そして、こうした重点の違いは、民衆が多く参加する教団とウラマーが多く参加する教団の性格の違いとしてあらわれることになる。

オスマン朝期のエジプトでは、アフマディー教団、ブルハーミー教団、カーディリー教団、リファーイー教団の四教団がとくに民衆的な性格を強くもつ教団として知られる。なかでもリファーイー教団のスーフィーたちは、彼らの聖なる力を示す「奇蹟」として、本

▲18 世紀カイロで活躍したスーフィーの導師アフマド・ダルディールのモスク（エジプト，カイロ）

▲マウリドの際に電飾で飾りつけられたアフマド・ダルディール・モスクとそこに集まる人々

◀モスク内のアフマド・ダルディールの墓廟

▶アフマド・ダルディールの墓廟の外壁に掲げられた碑文　聖者の存在をあらわすクルアーンの一節「まことに神の友には本当に恐れもなく，憂いもないであろう」が記されている。

書の冒頭にも紹介した(一頁参照)、身体に刃物を突き刺したり、ガラスや燃える石炭などを飲み込むといった奇行をおこなうことで知られていた。こうした奇行の披露は、民衆にとっては聖性の顕現としておそらくありがたがられたと思われるが、同時に手品や曲芸のような娯楽としても楽しまれていたようである。

一方、ウラマーが多く参加していたシャーズィリー教団やハルワティー教団は「エリート的」な性格をもつ教団であり、シャリーアの規範を遵守し、模範的なムスリムであろうとする倫理面を強調していた。

ただし、民衆的な教団とエリート的な教団はかならずしも対立関係にあったわけではない。民衆的な教団にもウラマーはおり、逆にエリート的な教団にも民衆が参加しており、両者の性格は明確に線引きすることはできない。また倫理を強調するウラマーの多くも、教団の民衆的側面にはおおむね寛容な立場をとっていた。教団が人々を惹きつけた最大の魅力が聖者崇敬にあったことは確かであり、また聖者の存在は教義的にも認められていたことから、ウラマーもこれを容易に否定することはできなかったのである。

他方で、一部のウラマーがスーフィーたちの奇行や聖墓参詣にかかわるいくつかの宗教実践、またその娯楽的要素を批判の対象としていた事実も認めることが

▶身体に剣を突き刺すスーフィー(シリア)

できる。

オスマン朝期エジプトを代表する歴史家として知られるジャバルティー(一七五三〜一八二五)もまた、スーフィーの民衆的側面に批判的な立場をとった人物の一人であった。彼自身はハルワティー教団に所属するスーフィーでもあり、その年代記のなかで多くのスーフィーやその教団の美徳を紹介しているが、一方でその周りでおこなわれた民衆の行為に対しては嫌悪感をあらわにしている。ここで、このようなジャバルティーの立場を如実に示す例として、年代記におさめられたアブドゥルワッハーブ・アフィーフィー(一七五八年没)の伝記記事をみてみよう。アフィーフィーはシャーズィリー教団のスーフィーであり、またウラマーとしても知られた人物であった。伝記の冒頭はこの「エリート」スーフィーの美徳を以下のように記述している。

彼は聖者たちの廟にしばしば参詣し、自らの居場所を省《かえり》みないほどつつましく、その食事や衣服は控えめで、自分の土地で収穫されたもの以外は食べず、乾いたパンに小麦粉をまぶしたものをもっぱら食事とした。将軍たちは彼のもとを訪れたが、彼はそれを嫌い、ときには拒否した。彼の家を訪れる人全員に対して、彼はその倉庫から普段食べているパンを与えた。

ここに描かれるのは、清貧を貫き、権力者にもおもねることのないスーフィーの姿である。そしてこれは俗世から身を引き、禁欲的な生活を送るというスーフィーの修行倫理を体現した生き方であり、ジャバルティーがアフィーフィーの美徳と考えていたものがもっぱらこの修行倫理にあったことを、ここに読み取ることができる。

さてアフィーフィーは聖者として人々の崇敬を集めるようになり、その死後、弟子たちが修行場と墓廟を拠点に彼のマウリドを開催するようになった。伝記の後半はこのマウリドの記述にさかれている。

それから、彼ら(アフィーフィーの子孫や弟子たち)は彼のために毎年マウリドと祝祭を開催しはじめ、南北の土地から人々を招き、多くのテントを張り、食堂やコーヒー屋を設けた。そして上層民、下層民、農民、演奏家、興行師、踊り子、売春婦、猿回し、蛇使いといった雑多な人々が数多くそこに集まった。彼らは砂地や庭園にあふれかえり、墓にあがってその上で明かりを灯し、その上にゴミを落とし、放尿や排便をした。また買春をし、男色をし、遊び、踊り、昼夜を問わず太鼓を叩いたり笛を吹いたりした。そしてこれが約十日以上続いた。また、このマウリドには法学者や学者たちも集まり、彼らのためのテントも張られた。さらに、将軍や商人、民衆も彼ら(学者)に倣《なら》ってこのマウリドを嫌がることもなく、むしろこれを信心深い行為であると信じた。たとえ(マウリドのようすが)このようでなくても、ウラマーはこれを嫌うべきであり、ましてや自らこれをおこなうことはなおさら避けるべきである。神よ、我々全員に正しい道をお示しください。

この「エリート」スーフィーの生誕を祝う祭りは、民衆にとっては彼の聖性に与り、またさまざまな娯楽に興じる場へと一転していた。しかし、このような「お祭り騒ぎ」はジャバルティーには許容できるものではなかったのである。

以上のように、スーフィーの倫理面を重視するウラマーのなかに、民衆と教団の関わり方、なかでもその娯楽的要素に批判を加える人々が存在したことは確かである。ただし、ジャバルティーの記述からは、このような批判が、民衆に崇敬されるスーフィーの聖性そのものを否定するものではなかったこと、そして何よりも多くのエリートたちが民衆と肩を並べてこのような娯楽に興じていた事実も浮かび上がってくる。つまり、当時においては、スーフィー教団の民衆的な信仰や実践を批判する立場は決して一般的ではなく、むしろこのような信仰や実践はエリートたちの間にも広く共有されていたのである。この状況が大きく変化し、これが激しい批判の対象となるのは近代にはいってからとなるが、この問題については第3章でより詳しくみていくことにしよう。

教団の社会的役割

最後に、教団がムスリム社会のなかではたした役割を、オスマン朝期のエジプト社会を事例に具体的にみていこう。

エジプトではマムルーク朝の時代にはいってから教団が形成され、以後、教団は修行者のみならず一般の民衆やウラマーを取り込みながら着実に根をおろしていった。そしてオスマン朝期には、大部分のムスリムが何らかの教団に所属するのが当たり前という状況がみられるようにまでなる。ここで、この時期に教団が担っていた社会的役割を、祝祭・社会的結合・教育・女性・政治の五つのカテゴリーに分けて順に説明していきたい。

(一) 祝祭

聖者崇敬と結びついた教団が、聖性の継承と顕現という役割を民衆から期待されていたことについてはすでに述べた。そして教団が主催するマウリドはこうした聖性を顕現する場であった。

マウリドは基本的には聖者を讃え、スーフィーたちが儀礼をおこない、民衆が大挙して参加する行事であり、いわば宗教的・民衆的祝祭として理解されるものである。しかし、先に紹介したアフィーフィーのマウリドの記述からもみてとれるように、そこは同時に、各地から商人が集まって市が開かれ、歌や見世物などの娯楽が提供され、さらには男女が入り乱れ、ときには売春も大っぴらにおこなわれる「世俗的な」祝祭の場でもあった。また支配者は通常、マウリドの最大の後援者であり、ウラマーの多くもこれに積極的に参加するか、そうでない場合もマウリドの開催を黙認していた。さらにはこの祝祭にはエジプト土着のキリスト教徒であるコプトも参加して聖者の生誕を祝ったことが知られている。すなわち、マウリドは決してムスリム民衆のためだけの宗教祝祭であったわけではなく、商売や娯楽といった世俗的な側面をもち合わせ、またキリスト教徒を含むあらゆる層の人々が一堂に会する場であった。そこは日常的には接点をもつことのない人々が肩を並べて聖者を讃え、また娯楽に興じる場でもあり、社会的な規範や秩序が一時的に取り払われる瞬間であったのである。このようにマウリドが創出する非日常的な空間は、ほかの文明圏の「祭り」と同様に、そこに参加する人々の間に階層の違いをこえた共同体意識をはぐくむ役割をはたしたと考えることができる。

同時に、このような祝祭が、社会的な緊張関係を一時的にゆるめる安全弁として、むしろ既存の社会規範を強化する役割をはたしていたことも確かであろう。したがって教団が聖性の顕現の場として提供する祝祭は、単に民衆の信仰心を満たすだけでなく、社会の多様な層に属する人々を接合することで、共同体的秩序を維持・強化するというすぐれて社会的な意味をもっていたのである。

(二) 社会的結合

教団はまた、地域共同体や職業集団などと結びつきながら社会的結合の場の一つとしての役割をはたしていた。農村や都市の街区にはたいてい一つは教団の修行場があり、またその多くは、聖者の墓廟・モスク・マドラサなどを兼ねた複合施設を成し、ちょうど日本の寺のように地域のセンターとして住民の日々の生活に深くかかわった。地域住民は修行場に併設されたモスクで礼拝をおこない、またマドラサではしばしばウラマーでもあった導師が宗教諸学を学生たちに教えた。

聖者の墓廟はそこに眠る過去の導師たちに祈願をする参詣地となり、そこで開催されるマウリドは地域の祭りとして活況を呈した。地域住民の冠婚葬祭を取り仕切ったのも、多くの場合その地域に拠点をおく教団のスーフィーたちであった。また導師が修行場で定期的に開催する集会(マジュリス)は、修行者たちがズィクルをおこなう集会であったと同時に、地域住民が導師に相談をしたり、もめごとの仲裁を依頼したりするなど、共同体の中核としての機能もはたした。

また、教団は地域共同体のみならず、特定の職業集団と結びつくこともあった。例えば十八世紀カイロの例でいえば、カーディリー教団と漁師、アフマディー教団と踊り子、バイユーミー教団と肉屋、リファーイー教団と蛇使い・曲芸師・手品師

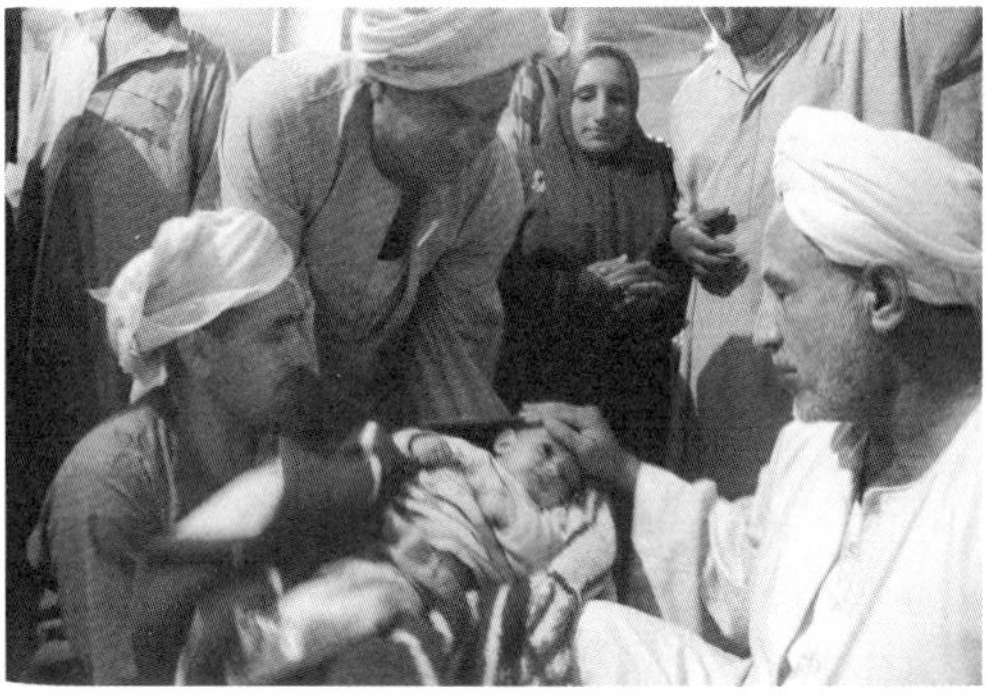

▶乳児に祝福をほどこすスーフィーの導師

といった職業とのつながりが知られている。

(三)　教育

教団がエジプト社会ではたしたもう一つの重要な役割が教育である。導師が開催するマジュリスは教育の場としての役割も担った。ハルワティー教団やシャーズィリー教団のように導師をはじめとするメンバーの多くがウラマーであった場合、しばしば修行の師が学問の師を兼ねており、そのマジュリスは宗教諸学を学ぶ場として利用された。またスーフィズムの修行そのものに、神秘主義的な側面に加えて、禁欲や礼儀作法をテーマとした倫理教育という性格があり、その点で修行は、いわゆるスーフィーたちだけでなく、ムスリムとしての模範的な生き方を追求する敬虔《けいけん》な一般信徒たちにも開かれたものであった。

加えて、教団の修行場は民衆を対象とした基礎的な識字教育や宗教教育の場としての役割もはたした。こ

◀19世紀カイロの葬列
先頭で旗をもって歩く集団がスーフィー。

▶修行場での集会　左端の壁際に座る導師が地元住民の相談を受けている。奥ではズィクルがおこなわれ，手前の女性たちがこれを見学している。

Column #01

人々の暮らしに生きるスーフィー儀礼

現在でも、ズィクルの集会(これは今日「ハドラ」とよばれる)はいたる所で日常的に開かれている。それではこのような集会はどのように開催され、また地域住民はどのようにかかわっているのだろうか。ここで、筆者がカイロ滞在中に定期的にかよっていたある教団のハドラのようすを紹介しよう。

この教団のモスクはカイロの旧市街にあり、ハドラはそこで毎週木曜日、夜の礼拝後に開催される。礼拝を終えた住民たちが帰宅するなか、ハドラに参加する人々は残って儀礼の準備を始める。なお、ハドラには誰でも参加することができる。筆者も、責任者に「見学」の許可をもらって最初は輪の外側に座っていたが、すぐに参加者たちに招かれ、結局一緒に儀礼をおこなうことになった。

このハドラの場合、ズィクルではなく、通常は導師の編んだ祈禱書《きとうしょ》(ウィルドやヒズブとよばれる)の合唱がおこなわれる。参加者たちは二列に向かい合って着席し、責任者から配られた祈禱書を声を合わせて読む。さながらお経を読む感覚である。

さて、このハドラは終始非常にリラックスしたムードで進む。儀礼の最中も子どもたちはモスクのなかを走りまわって遊んでいる。またおそらく関係者の妻と思われる女性たちもいるが、彼女たちはハドラには参加せず、モスクの端に座り、儀礼を見学したり、あるいは雑談を交わしたりしている。一度こんなできごともあった。女性たちがおしゃべりに興じていると、責任者がこれに業を煮やし、「うるさい、クルアーンを読んでおるのだぞ」と叫んだ。一瞬、話し声はやんだが、儀礼が再開されると彼女たちは意に介さずふたたび会話に夢中になったのである。

儀礼が終わると、女性たちがお茶とお菓子を用意してくれる。遊びまわっていた子どもたちも着席し、お相伴《しょうばん》に与《あずか》る。参加者たちは軽く雑談をしてから、それぞれ帰宅の途につく。観察していると、このティータイムを目当てにハドラに参加している人もいるようである。彼らは毎回ビニール袋を持参し、これにお菓子を大量に詰めて持って帰っている。筆者もビニール袋をわたされて食べきれない量のお菓子をもたされることもあった。

◀教団のモスクの前で筆者

スーフィーの集会といえば、修行者たちが宗教儀礼を厳かにとりおこなうイメージがあり、実際そのように開催される集会があることも確かである。しかし、ここで紹介したように、街中のモスクで地元住民が参加して開かれる日常のハドラは、単なる宗教儀礼にとどまらず、人々が気軽に参加し、社交を楽しむ場としても親しまれているのである。

のような教育は無論、一般のウラマーの仕事でもあったが、スーフィーたちは民衆により近い「知識人たち」であり、教団は民衆教育の拠点としてとくに重要な役割を担ったのである。

(四)女性

教団は女性たちが主体的に宗教実践をおこなうことのできる数少ない場の一つでもあった。教義面からみれば、イスラームはほかの宗教と比べて特別に女性を軽視する宗教であったわけではなく、むしろ法的には女性にさまざまな権利を認めていたことが知られている。他方で男女の分離を原則としていたこともあり、現実的には女性が社会のさまざまな場から締め出される結果となったことも確かである。

しかし、教団の活動ではこのような制約が弱く、女性の参加が受け入れられていた。史料にあらわれることは少ないものの、女性も導師のもとで修行をおこなうことは認められており、また男性とは別の場を設けて女性たちがスーフィー儀礼をおこなうことも一般的であった。さらに、近現代の例となるが、導師の妻や娘が、導師の死後、その跡を継いで教団の運営を任されることもあったのである。

より民衆のレベルで女性の参加が活発にみられたのが聖墓参詣である。聖墓参

▶アフマド・バダウィー廟(エジプト，タンター)に参詣する女性たち

詣には現代でいえば、さながらピクニックのような行楽的な側面があり、女性たちは家族や友人と連れ立って聖者の墓廟を訪れた。また、モスクでの礼拝が通常は男女別におこなわれていたのに対して、聖墓参詣ではしばしば男女がいりまじって祈願をおこなった。ときに一部のウラマーが、このような男女の混在が不道徳な行為を誘発するとして批判することもあったが、おそらくはそこが若い男女の数少ない出会いの場の一つとしての役割を担っていたことは否定できないだろう。

（五）政治

最後に教団と政治とのかかわりをみてみよう。禁欲をテーマとするスーフィズムの修行倫理では、一般的には欲望の源である世俗社会からはできるだけ身を引くことが求められており、その点から、多くのスーフィーたちは、少なくとも理念上は、政治権力とかかわりをもつことをよしとはしていなかった。しかしながらこれが実態でなかったことは、多くの教団が支配者からの支援を受け、また導師たちが有力者として社会的なエリート層を形成していたことからも明らかである。

十八世紀のエジプトでは、バクリー家とサーダート家の二大名家の家長を筆頭に、有力スーフィーたちの威信の高まりがみられた。彼らは民衆からの絶大な支持を背景に、為政者に対しても強い影響力をもった。この時期には、在地の軍閥が台頭し、また軍閥間の争いも激化していたが、スーフィーの導師たちはこうした争いの調停役としての役割をはたした。導師たちのマジュリスはしばしば政治的問題の解決を話し合う場としても利用されたのである。

また、為政者と良好な関係を築くだけでなく、彼らの悪政を正面から批判し、ときに圧政に苦しむ民衆の側に立って抵抗運動を率いたスーフィー導師の姿もみられた。その代表的な人物といえるのが、ハルワティー教団の導師であったアフマド・ダルディール(一七一五〜八六)である。一七八六年にカイロのフサイニー地区で、ある軍人が強盗を働くという事件があり、これに街区住民が反発して起こした蜂起を彼は指揮した。そして、彼は軍人に盗んだ品の返還を約束させることに成功したのである。

以上、オスマン朝期エジプトの事例に焦点をあてながら、教団の社会的役割を五つのカテゴリーに分けて紹介した。教団は、祝祭をつうじた共同体秩序の強化、地域共同体や職業集団と結びついた社会的結合、教育、女性の宗教活動、そして民衆運動の拠点といったさまざまな役割をはたしていた。ここに通底するのは、エリートと民衆との間に立ち、両者を接合する媒介者としての教団の存在意義である。階層間の垣根をこえて社会を統合する役割こそが、前近代のムスリム社会における教団の最大の特徴であったといえるだろう。

第3章　イスラーム改革運動とスーフィー教団批判

スーフィー教団批判の「伝統」

近現代のエジプトのスーフィー教団の歴史をみるうえでもっとも重要な現象の一つが、とくに十九世紀後半以降に顕著となる教団に対する批判の高まりである。中世以来スンナ派の正統的教義の一部として認められ、社会的にも広く受容されていたスーフィーの信仰や実践は、この時期を境としておもに知識人たちから激しい攻撃を受けるようになっていった。そこでは、神秘や奇蹟にかかわる信仰がイスラームの正統な教えからはずれた迷信であり、それを担う教団がムスリムを惑わす有害な存在であると断罪された。そして、このような厳しい批判は二十世紀にはいってからも衰えることはなく、現在にいたるまで教団に対する強い圧力となっているのである。

しかし、教団批判そのものは近代にはいってから突然あらわれた現象ではない。すでに前近代から一部のウラマーが教団の民衆的信仰や実践を問題視していたことは、第2章でみたとおりである。近代の教団批判は、基本的には前近代の批判を受け継いだものであったが、同時にそこにはより革新的な主張もみられ、またこの時期に批判が高まった背景として、近代における政治や社会の大きな変化があったことも確かである。それではいったい教団の何が問題とされたのだろうか。そして、近代におけるその高まりを生み出した背景とは具体的にどのようなものだったのだろうか。本章では、伝統的な教団批判の内容を紹介したうえで、十九世紀後半の新たな批判の特徴を、当時の政治的・社会的状況と関連づけながら考えてみたい。

まず、前近代の教団批判の基本的な特徴は、教団そのものが批判の対象となったわけではなく、問題とされたのはあくまでもそのなかの特定の信仰や実践にかぎられていたことである。第2章で紹介したジャバルティーの教団批判(三五頁参照)はその典型的な例である。彼はもっぱら「倫理」を重視する立場から、教団の娯楽的な側面を批判したが、前近代のほかの批判者たちがまず問題としたのも、教団の活動に混在するこうした「世俗的な」部分にあった。そして、なかでももっとも批判が集中したのがマウリドであった。マウリドはいわゆる「祭り」であり、露店が立ち並びさまざまな娯楽が提供されていたが、こうした商売や娯楽を彼らは認めなかった。さらに、このような商売や娯楽のなかに、飲酒や売春のような明らかにシャ

▶**射的場**　マウリドで提供される娯楽の一つ。

リーアの規範に抵触する行為があったことも確かだったのである。

聖墓参詣についても、例えば通常、参詣は男性と女性の区別なくおこなわれており、そこが男女の出会いの場としての役割もはたしていたと考えられるが、このような男女の混在は非道徳的な行為を誘発するとして批判された。また、しばしば聖者の墓の周りで寝泊まりをする人々があらわれたが、これも聖域を飲食や排せつといった生活行為で汚すことになるため、認められないものとされた。

一方、儀礼面についても同様の観点から、とくにズィクルの様式が批判の対象となった。ズィクルではしばしば太鼓や笛などを用いた音楽が奏でられ、そのリズムに乗って儀礼がおこなわれたが、こうした楽器を用いた音楽は、そこに音楽を楽しむという娯楽性があり、これが儀礼本来の目的を損ねるものであるという発想から、認められないというのが批判の論点であった。

以上の「世俗的な」要素に加えて、もう一つ問題となったのはスーフィーの「聖性」に与《あずか》ろうとする人々の逸脱的な行為であった。スーフィーの導師を聖者とみなす人々はその周りに集まり、奇蹟による現世利益や来世での救済を求めて祈願をするようになる。このように聖者が存在することや彼らが奇蹟を起こすことそのものは、正統教義でも認められたものであり、この点を批判する人々はほとんどいなか

◀アフマド・バダウィーのマウリドの際，モスク内に寝泊まりする人々

ったが、問題となるのはその際の祈願のあり方であった。例えば、聖者の墓廟に身体をこすりつけてその恩寵《おんちょう》に与ろうとする行為、あるいは墓廟の周りを、あたかもマッカ(メッカ)のカアバ神殿でおこなうように周回する行為[1]は、聖者を事実上、神のように崇拝するものであるとして問題視された。

また、「奇蹟」の顕現としていくつかの教団でおこなわれていた奇行も批判の対象となった。代表的なものが、本書の冒頭でも紹介した(一頁参照)、身体に刃を突き刺したり、ガラスなどを飲み込むといった行であり、これらもシャリーアの規範に反する行為として批判されたのである。

さて、最後に教団批判を支えた思想的な背景についてもみてみよう。教団批判は、多くの場合イスラーム(あるいはスンナ派)の教義全体の見直しをはかる、より大きな宗教運動の一端を成していた。こうした宗教運動では、ムスリムの信仰や実践が堕落し、クルアーン(コーラン)とスンナ[2]のなかで説かれたイスラーム本来の教えから大きくはずれたものとなっていると考えられ、したがって今一度、原典(クルアーンとスンナ)にたちかえって本来の「純粋な」教えを回復する必要があると唱えられた。イスラームの歴史をみると、折々にこのような原典への回帰を説く思想家たちがあらわれ、周囲のスーフィーやウラマーと激しい論争を戦わせていたことを確認することができる。批判者たちは原典からはず

[1] マッカ巡礼では，カアバ神殿の周りを反時計回りに周回するタワーフとよばれる儀礼がある。
[2]「慣行」「慣習」を意味する言葉で，具体的には預言者ムハンマドの日々の言行を指す。ムスリムが参照し，模範とすべき規範とされる。

れた信仰や実践を「ビドア」とよんでその廃絶を説いたが、ここにあげた教団の信仰や実践はまさにそのビドアを代表するものとみなされたのである。[3]

ただし、前近代においては、このような原典回帰の宗教運動――ここでは「原典回帰運動」とよぶことにする――はイスラーム思想の傍流にとどまり続け、そこで展開された教団批判が広く一般に受け入れられることはほとんどなかった。また、繰り返しとなるが、批判の対象となったのはあくまでも民衆がおこなう一部の行為にかぎられていたこともあらためて強調しておきたい。批判者たちの多くはジャバルティーのように自らもスーフィーであった人々であり、その点で教団批判はエリート・スーフィーによる民衆的な信仰に対する批判という構図で理解されるべき運動であった。

いずれにせよ、教団は、そこにいくつか問題のある信仰や実践がみられたとしても、十八世紀まではイスラームの正統な信仰の担い手としてゆるぎない地位を確保しており、そこではこれを全面的に否定するような批判が展開する余地はほとんどなかったのである。

イスラーム改革運動

教団批判を支えた原典回帰運動は、前近代においてはあくまでも周縁的な動きにとどまり続けた。しかしこの思想運動の系譜は途切れることはなく、近代のイスラーム改革運動

[3] ビドアは「逸脱」と訳される。イスラーム初期の時代には知られておらず，後世になっておこなわれるようになった儀礼・教義であり，すなわちイスラーム本来の教えではなく，後からつけ加えられたものとされる。「すべての新しく生じたことはビドアであり，すべてのビドアは誤りであり，すべての誤りは業火にはいる」というハディースもあり，基本的にビドアはイスラームから排除されなければならないと考えられた。

へと継承されることになる。そして、この運動のなかで展開された新たな教団批判は、最終的に教団の存在意義そのものを問い直す今日の状況を生み出すことになるのである。

それでは、なぜ近代にはいって教団は厳しい批判の対象となっていったのだろうか。また、その批判は前近代の批判とはどのような違いがあるのだろうか。この問題を理解するためには、教団批判の母体となったイスラーム改革運動そのものの特徴をまず押さえておかなければならない。そこで、ここでは少し教団の話題を離れて、そもそも近代のイスラーム改革運動とはどのような運動であったのかについて考えてみたい。

イスラーム改革運動の基本的な主張は、それまでの原典回帰運動と変わるものではない。すなわち、ここでも「ビドア」の概念を梃子《てこ》にして、原典にもとづく「純粋な」イスラームにたちかえることがめざされたのである。しかし同時に、この時期にムスリムたちが社会の急激な変化にさらされ、まったく新しい危機に直面していたことは、この運動にそれまでにはみられなかった新たな性格を付与することになった。すなわちその危機とは、西洋諸国によるイスラーム世界の植民地支配である。十九世紀にはいると西洋諸国のアジア・アフリカ地域への進出が本格化し、その過程で各地のムスリム政権は次々とその従属下におかれることになる。エジプトもその運命から逃れることはできず、一八八二年からイギリスの支配を受けることになった。そしてこの植民地化の過程で、西洋近代の新しい思想や価値が流入し、政治体制のみならず、文化や社会にも大きな変化をもたらすことになった。

十九世紀後半のイスラーム改革運動の高まりを支えたのは、この状況をムスリム社会の衰退・崩壊ととらえたムスリム知識人たちの強い危機感にあった。そして彼らは次のような論法で、この危機を乗りこえる鍵が原典への回帰にあると説いたのである。

まず彼らは、ムスリム社会の衰退・崩壊の原因を、ムスリムたちがこれまで誤ったイスラーム理解をおこなってきたためであると考えた。なぜならば、イスラームがムスリム社会の基本的な価値体系である以上、その理解の誤りはそのまま社会の崩壊を招く結果となるからである。例えば、誤ったイスラーム理解はそこから導き出されるシャリーアの判断の誤りにつながる。つまり誤った法が適用され、不正が横行する。為政者が誤ったイスラーム理解にもとづいた統治をおこなうと、圧政につながり、また外敵からムスリム臣民を守ることができなくなるのである。現状のムスリム社会の衰退・崩壊の根本的な要因はこのようなイスラーム理解の誤りにあり、したがってこれを改めるには、今一度、原典にたちかえって本来の正しいイスラームへの理解を取り戻さなければならないと考えたのである。このように、イスラーム改革運動は、植民地支配によるムスリム社会の崩壊という危機感を背景とし、政治や社会の改革への志向をあわせもつ運動として展開されたのであった。

また、イスラーム改革運動にはもう一つ見逃すことのできない重要な特徴がある。それは、これが西洋近代の思想や価値を拒絶する復古的な運動ではなく、逆にそれらを内在化した運動であったという点である。改革運動を率いた知識人たちの多くは伝統的な宗教教育を受けたウラマーであったが、同時にその多くは西洋の学問にもつうじ、合理主義や啓蒙思想といった近代的な思想をある程度受容していた。彼らは、原典への回帰を説きつつも、理性にもとづく聖典(クルアーン)解釈をおこなうことで、イスラームの教義や制度を近代社会に適合したものへと刷新することをめざしたのである。このように、イスラーム改革運動のもう一つの特徴は、合理主義的なイスラーム理解が志向されていた点にあり、ここに従来の原典回帰運動とは一線を画す革新性をみることができるのである。

一般に、イスラーム改革運動の先駆者として知られるのがジャマールッディーン・アフガーニー(一八三八/九〜九七)である。もともとイラン出身であったともいわれる彼は、イスラーム世界各地をめぐり、聖典の合理的な解釈をつうじたイスラームの改革と、植民地支配に対抗するためにムスリムが連帯する必要性を説いた。彼の主張は、植民地化にムスリム社会崩壊の危機をみていた多くの思想家たちを惹きつけ、その後各地でイスラーム改革の機運を高めることになる。そしてなかでもエジプトは、アフガーニーの一番弟子であったムハンマド・アブドゥ(一八四九～一九〇五)を中心として、この運動がとくに盛り上がりをみせた地域であった。

イスラーム改革運動の展開にアブドゥがはたした役割を端的に述べれば、それは彼がアフガーニーから受け継いだ改革思想をより精緻なものとし、この運動の思想的な基盤をつくり上げたことにある。彼が提唱した改革思想は「サラフィー主義」とよばれたが、この思想はその後の改革運動の中核を担い、また現代のイスラーム主義運動にも引き継がれていくことになる。

アブドゥには多くの信奉者がいたが、なかでもその晩年の活動を支え、事実上彼の後継者と目されたのがラシード・リダー(一八六五～一九三五)である。リダーの功績は、言論活動をつうじてサラフィー主義の普及に努めたことにあった。その活動の拠点となったのは、彼が刊行した雑誌『マナール(灯台)』であり、彼はそのなかで繰り返しサラフィー主義にもとづくイスラームの改革を訴え続けた。彼のこの言論運動は大きな成功をおさめたといえる。この雑誌はエジプトのみならずイスラーム世界各地に愛読者を獲得し、二十世紀以降のイスラーム改革運動を牽引する代表的なメディアとなっていったのである。

さて、ここで教団批判に話題を戻そう。以上のように、イスラーム改革運動は、

▲ジャマールッディーン・アフガーニー

▲ムハンマド・アブドゥ

▲ラシード・リダー

伝統的な原典回帰運動の系譜を受け継ぎつつも、同時にきわめて革新的な志向をもつ運動として展開されたものであった。そしてこの両義的な性格は、そのままこの時期の教団批判を特徴づけることになる。その具体的な例として、先に名前をあげたムハンマド・アブドゥとラシード・リダーを取り上げ、彼らが教団のいったい何を問題と論じたのか、順にみていこう。

権威の見直し——ムハンマド・アブドゥ

両者の批判の内容をみる前に、まずは改革思想家たちと教団とのかかわりについて簡単に説明しておきたい。オスマン朝期のエジプト社会で、ウラマーを含め、ムスリム住民の大部分が教団とつながりをもっていたことについてはすでに述べたが、この状況は十九世紀にはいってからもすぐに変化することはなかった。そして、改革思想家たちの多くも人生のある時期に教団に所属した経験があり、また、この経験は彼らの教団批判にも大きな影響を与えたと考えられる。

アブドゥの場合、学生時代にシャーズィリー教団の導師であった叔父のもとでスーフィーとしての修行をおこなっていたことが知られている。そして、その後少なくともアフガーニーと出会うまでは、この叔父が彼にとって最大の師であり続けた。このように、彼が青年時代に一時期であれスーフィズムに深く傾倒し、修行に専念していた事実は重要である。すなわち、彼の思想形成にはスーフィズムの教えが強い影響を与えていたと考えられるのである。その後、アブドゥが特定の教団に継続的に参加していた形跡はみられないものの、彼はスーフィズムに関する論文も著しており、また晩年には自らが導師としてスーフィー教育をおこなう計画を立てていたともされる。この点でアブドゥは決して反スーフィーの思想家であったわけではなく、むしろスーフィーとしてのアイデンティティをもつ人物であった。

さて、シャーズィリー教団はいわゆる「エリート」教団であり、そこで重視されたのはスーフィーの倫理的側面であった。アブドゥが重視したのもこの倫理にあったが、同時に彼はその神秘的側面にも強い関心をもっていた。

他方で、彼は民衆的な信仰に対しては厳しい批判を加えている。そして、これがアブドゥの教団批判の一つ目の特徴である。彼がとくに問題としたのは一部のスーフィーたちがおこなう奇行であり、また、それを奇蹟としてありがたがる民衆の信仰であった。つまり教団と民衆とのかかわりが問題視されたのである。このような批判は前近代からみられたものであり、この点でアブドゥの教団批判はいたって伝統的なものであったといえるだろう。ただし、彼がスーフィーの奇行の問題を論じる際に、これが単にシャリーアに反するのみならず、論理的・現実的に考えても奇蹟ではありえないことや、そもそもそれが自然法則に反する行為であるといった発言をおこなっている点も見逃してはならない。このような発言には、彼がスーフィーの奇行を合理主義的な観点からも問題視していたことを読み取ることができる。そしてこの点に、理性を重んじる改革思想家の立場が明確に表現されているといえるだろう。

アブドゥの教団批判のより重要な二つ目の特徴が、導師の権威をめぐる問題である。批判者たちが直面した問題の一つは、彼らが批判した民衆的な信仰が、しばしばエリートの間でも「正しい」信仰のかたちとみなされていた現実にあった。その根拠となったのは、こうした信仰が、もともと教団の開祖から歴代の導師たちに伝えられた教えの一部と信じられており、また当の開祖や導師たち自身は、多くの場合正統派のスーフィーとしての評価を受けてきた人物であったことにある。したがって、この「教え」の誤りを指摘することは、同時にそれを伝えた開祖や導師たちの誤りを指摘することにもなってしまうのである。そしてこれは、民衆のみならず、自らの受け継ぐ流派の正統性を開祖や導師たちの権威に見出していた多くのエリート・スーフィーたちにも受け入れがたいものであった。

この問題に対して、アブドゥは次のような見解を述べている。すなわち、過去の導師たちの説く教えについては、その真偽はあくまでもクルアーンとスンナに照らし合わせて検証されるべきものであり、たとえ彼らがどれほど偉大な導師であったとしても、彼ら自身の権威によってその正しさが保証されるものではないとしたのである。

さて、このような導師の権威を疑問視する視点は、原典のみに正統性を見出し、後代に加えられた教義や儀礼をビドアとして排除する原典回帰運動の系譜を受け継いだものであるが、これはアブドゥによってサラフィー主義とよばれる思想として理論化された。この思想は、イスラームの初期世代――彼らはサラフ(先人)とよばれ、思想名の由来となっている――の時代を、「正しい」イスラーム理解・実践がおこなわれていた時代とし、その時代の精神にたちかえることを説いている。

アブドゥの理解によれば、サラフの時代とは、理性にもとづく原典の解釈がおこなわれていた時代であり、したがってその精神にたちかえることとは、すなわち理性を行使した原典の再解釈をおこなうことにあるという。一方、その後の時代は特定の権威に人々が盲目的に追従する時代であり、これがムスリム社会の衰退を招いたとされる。したがって、サラフィー主義とは、原典に書かれていること以外をビドアとして排除する思想というよりは、のちの時代に確立した解釈にとらわれずに、理性を用いて原典の再解釈をおこなう思想であった。

こうした理解を背景に、アブドゥは、それまで人々がイスラームの正しい教えとして受け入れてきた信仰や儀礼の見直しに積極的に取り組むが、これが同時にスーフィーたちに対しては、前述のように彼らが継承してきた教えの見直しという教団批判へとつながっていったのである。つまり、サラフィー主義の意義はサラフ以外のあらゆる権威を批判的に検証する道を開いたことにあり、これはそのまま開祖を含めた導師たちの教えの正統性を問い直すものでもあった。そしてこの点に、従来の教団批判にはみられなかった革新的な性格をみてとることができるのである。

神秘主義伝統の否定──ラシード・リダー

ラシード・リダーもまた青年期に教団とかかわりをもった人物であった。彼はもともとレバノン北部の都市トリポリ近郊に生まれ育った人物であり、当時シリア・レバノン一帯で勢力を誇っていたナクシュバンディー教団に入会している。この教団はウラマーを主体とした「エリート」教団の一つであるが、数ある教団のなかでもとくにシャリーアの遵守を強調するスンナ派厳格主義で知られ、またこのような性格から、歴史的に原典回帰を志向する著名な思想家たちを生み出してきた教団でもあった。この点で、リダーの改革思想の背景には、この教団をつうじて受け継がれた原典回帰運動の系譜があったと考えることができる。

ただしアブドゥとは異なり、リダーがスーフィーとしてのアイデンティティをその後ももち続けていた形跡はない。彼も基本的にはスーフィズムそのものを否定することはなかったが、教団の思想や実践に対してはその根幹を問う非常に厳しい批判を加えている。

リダーが教団に批判的なまなざしを向けるようになったきっかけの一つは、彼自身が語るところによれば、トリポリでメヴレヴィー教団の儀礼を見学したことにあったという。旋回儀礼として有名なこの教団のセマー（一七頁参照）を見た彼は、これに大きな衝撃を受けた。そして憤りを抑えることができずに立ち上がり、観衆たちに、これは禁じられた行為であり、ムスリムである以上このような行為を黙ってみすごしてはならないと叫んでその場を後にした。

まもなく彼はカイロに移住し、アブドゥの弟子としてイスラーム改革運動に本格的に取り組むことになるが、その後も教団の問題は彼にとって大きな関心事の一つであり続けたようである。『マナール』では教団の現状を批判する記事を継続的に発表していたほか、晩年に著したアブドゥの伝記のなかでは、一節をさいてスーフィズムに関するまとまった議論もおこなっている。以下ではこの伝記のなかの議論をまとめながら、彼が教団にどのような問題を見出していたのかを検討してみよう。

まず彼によれば、初期の正しいスーフィズムの目的とは「心の訓練をおこない、不道徳

Column #02

ハサン・バンナーとスーフィー教団

エジプト最大のイスラーム主義団体であるムスリム同胞団の創設者ハサン・バンナーもまた、スーフィー教団と深いかかわりをもつ人物であった。バンナーと教団とのかかわりは、彼が十二歳のころに、ナイル・デルタのダマンフールという町で活動をおこなっていたシャーズィリー教団系ハサーフィー教団のズィクルを見学したことに始まる。これに魅了された彼は定期的に参加するようになり、一九二二年、十六歳のときに正式な修行者として教団への入会を許された。彼は熱心に修行に取り組み、またガザーリーをはじめとするスーフィーたちの著作を読みふけった。また導師に強い敬愛の念をいだいており、これは晩年になっても変わらなかったようである。

一九二三年に彼はカイロに移り、ダール・アル＝ウルーム学院（教員養成学校）の学生となる。カイロでも彼はハサーフィー教団のズィクルに毎週欠かさず参加していた。また、志をともにする学生仲間たちと交流を深めたが、そこでスーフィーたちの著作や伝記などをまわし読みしていたことも知られている。

しかし、やがて彼は教団とは一線を画す独自の運動を展開し、これが最終的に一九二八年のムスリム同胞団の結成へと結実していく。いわば彼はスーフィーたちと別の道を歩むことになるが、同時に彼に賛同し、その運動に参加した同志たちの多くは教団の仲間たちであった。誕生まもない同胞団を支えたのはスーフィーたちであったのである。

バンナーと教団との関係はその後決裂するが、これはバンナーの側からではなく、むしろ教団の導師の側から起こされた動きであった。おそらく導師にとって、教団のメンバーを多く引き抜くかたちで結成された同胞団は、教団分裂の動きとみなされたのだろう。導師はバンナーを教団から追放し、同胞団に入団したほかの教団メンバーたちも離反者とみなした。

◀ハサン・バンナー

一方、同胞団の側は、当初敵対的な姿勢はとらず、むしろ教団との連携を試みていたことが知られている。また一九三九年の第五回総会のなかで、バンナーがおこなった同胞団の八つの定義のなかに「スーフィー的真理」という定義が掲げられており、この団体がスーフィズムをそのアイデンティティの一つとして内包していたことも重要である。
しかしながら、結局教団との連携の試みは失敗に終わる。まもなく同胞団は教団に対する方針を大きく転換し、激しい教団批判を展開することになる。同胞団は教団と完全に決別し、両者の「対立」関係が固定化されていくことになるのである。

を拒絶して美しい倫理をもたらすことによって善き性質を獲得するために努力すること」であったと定義される。しかしまもなく、スーフィーのなかに誤った教説を説く者たちがあらわれ、その結果、正しいスーフィズムを実践する真実のスーフィーたちと、誤った教説に従う誤謬《ごびゅう》のスーフィーたちに分かれることになった。

また、スーフィーの誤った教説は大きく二種類に分けることができる。一つは外部から持ち込まれた思想であり、具体的には古代ギリシアやインドを源とする外来の神秘思想がシーア派を介して取り込まれたものである。もう一つは教団の導師たち自身が新たにつくり出したものであり、具体的にはウィルドやヒズブ、[4]またこれらを用いた儀礼、そしてズィクルなどがこれに該当する。こうした思想や儀礼はいずれもクルアーンとスンナに根拠をもたないビドアであり、スーフィズム本来の教えとも無関係なものである。

この議論からわかるのは、まずリダーも基本的にはスーフィズムそのものを否定することはなくその価値を認めていたということである。ただし、そこで彼が想定していた正しいスーフィズムとは、もっぱらその倫理的側面だけに限定されていた。他方、彼が誤った教説としてあげたものは一言でいえば神秘主義にかかわる思想や儀礼であり、これらはビドアとしてスーフィズムからは一掃されるべきものであった。なおこれに関連して、彼は別の論考のなかで、修行者に導師への絶対的服従を求める修行のあり方や、さらには修行

4　導師がクルアーンの章句を織り込んで定式化した祈禱句。

の最終目標におかれたファナー（消滅・消融）の境地に対しても否定的な見解を示している。そしてこれを、先に述べたズィクルなどの儀礼への批判と合わせれば、彼の批判は事実上スーフィーの神秘修行そのものに向けられたものであったと考えることができるのである。

倫理の重視は従来までの教団批判に受け継がれてきた特徴であり、その点でリダーの見解もこの伝統を踏まえたものであった。しかしながら、彼の批判を特徴づけるのは、倫理以外を認めないという彼の立場が、最終的にスーフィズムの神秘的側面の否定にまでいたった点にある。そして、スーフィズムの中心テーマが神との合一という神秘体験にあり、教団がそのための修行の場として存続をはたしてきた制度であったことを考えれば、この主張はスーフィズムや教団の存在意義そのものを問うきわめて急進的な批判であった。

リダーの師アブドゥ自身は神秘思想につうじたスーフィーでもあり、リダーのこのような見解が当時の知識人たちの総意であったとは考えにくい。しかし『マナール』などをつうじて彼の思想は次の世代の改革思想家たちに着実に受け継がれていった。そして、そのなかでも重要な人物の一人がムスリム同胞団の創設者であるハサン・バンナー（一九〇六〜四九）であり、彼をつうじて、リダーの教団批判は二十世紀のイスラーム主義運動に引き継がれていくことになるのである。

第4章　近代国家とスーフィー教団

教団管理制度の誕生

エジプトはムハンマド・アリー（一七六九〜一八四九）の治世下で近代国家への道を歩みはじめた。一八〇五年に総督に就任し、オスマン朝からの自立をめざした彼は、それまでエジプト政治を牛耳ってきた旧来の軍閥勢力を一掃して自らの権力基盤を確保すると、中央集権支配体制の確立と富国強兵を柱とするさまざまな改革に取り組むことになる。

そして、これは宗教の領域でも例外ではなかった。ムハンマド・アリー政権は、近代的な制度を導入するかたわらで、マドラサ、イスラーム司法制度、そしてスーフィー教団といった既存の宗教制度についても、それらを中央集権支配に組み込み、新しい統治体制に役立てるべくその管理・統制を強めていくことになる。なかでも教団に対しては、一八一二年に国内の教団を統括する行政制度を設けてその統制をはかった。この制度をここでは「教団管理制度」とよぶことにする。

第1章でも述べたように、政権によるスーフィー支配自体はセルジューク朝以来の歴代の王朝下でおこなわれてきたことであり（一四頁参照）、その点でムハンマド・アリーの政策はかならずしも目新しいものではない。他方、新政権の教団支配の特徴は、近代的な行政制度のもとで、政府によるより効率的で徹底した統制を実現したことにあった。ここで整備された教団管理制度は、現在にいたるまで機能し続けており、近現代のエジプトにおける教団と国家との関係を理解するうえで鍵となる制度である。そこで本章では、教団管理制度の成立から十九世紀末に取り組まれた教団改革までの展開を追いながら、近代国家と教団との関係を概観してみたい。

教団管理制度は、スーフィーの名家として絶大な宗教権威をもっていたバクリー教団導師を利用するかたちで整備されたものである。一八一二年に先代の導師が亡くなり、新しい導師が就任することになったが、その際にムハンマド・アリーは総督令を発布し、この導師が国内のほかの教団を監督する権限をもつ地位であることを宣言した。これによって、バクリー教団導師には、宗教的な権威だけでなく、ほかの教団を支配する行政権力が与えられることになったのである。

それでは、この制度によって教団はどのように管理されたのだろうか。ここで

◀ハリール・バクリー　フランス占領期（1798～1801年）にバクリー教団導師を務めた。

バクリー教団導師に与えられた権限を人事・財政・活動の三つに分けてみてみよう。まず人事面では、各教団で新しい導師を選出する際に、バクリー教団導師がその人物を導師にふさわしいか審査したうえでこれを正式に承認する手続きが必要となった。多くの教団では導師の地位は特定の一族に世襲されており、通常、バクリー教団導師は単にこれを追認するだけであったが、ときにその地位をめぐって後継者争いが起こることもあり、その際には最終的に新導師の任命権がバクリー教団導師の手に委ねられることになった。また、ハリーファが独立し、新たな教団を創設する場合、これを承認・否認する権限もバクリー教団導師に与えられた。

財政面では、教団やその施設の運営財源——おもな財源はワクフであった——を各教団の導師が受け取る際に、バクリー教団導師がその仲介をはたすことが義務づけられた。

活動面では、公の場での教団の活動がバクリー教団導師の采配によって取り決められることになった。例えばカイロの預言者生誕祭の際に教団がおこなう行進[1]では、その並び順がバクリー教団導師によって決定された。また町や村などでの日常的な活動については、「カダムの権利の原則」とよばれるシステムが適用された。カダムの権利の原則とは、ある地域に複数の教団が存在し、互いに競合する場合には、その地域で先に活動を始めていた教団に活動の優先権を保証するシステムである。そして、この活動優先権を保証するの

1 預言者生誕祭の締めくくりを飾る重要な儀礼の一つであり，各教団がそれぞれの教団旗を掲げてカイロ市内をねり歩いた。

がバクリー教団導師であった。すなわち各教団がズィクルの集会やマウリドなどを開催する場合は、導師やハリーファはその地域で活動をおこなう許可をバクリー教団導師からえなければならなくなったのである。

このように、この制度は教団のあらゆる側面に行政権力を介在させることでその統制をはかるものであり、それまでの政権にはみられなかった新しい教団支配のあり方であった。

ただし、この制度が基本的には伝統的な権威を基盤とし、またそのなかで従来の慣行をできるだけ踏襲することが念頭におかれていたことも重要である。教団管理制度の頂点におかれたバクリー教団導師は、もともとスーフィーの名家として高い宗教権威をもっており、これがこの導師による教団支配をほかの導師たちに納得させる根拠であった。また、統制の基本方針は現状の維持であり、例えば導師の地位はそれ以前からこの地位を担ってきた一族のなかで世襲されることを原則としていた。さらに、政府はながらく教団の活動内容そのものには介入しなかった。しばしば批判を受けてきたマウリドのお祭り騒ぎやスーフィーの奇行なども依然として黙認され続けたのである。

そして、この制度への参加は強制ではなく、あくまでも各教団導師たちの自発的

◀スーフィー教団の行進（エジプト，カイロ）　教団ごとにそれぞれの教団旗を掲げてねり歩く。

な参加が原則であった。後述するように、政権はその後できるだけ多くの教団をこの制度に組み込むべくさまざまな方策をとったが、基本的には多くの導師はそこに利点を見出し、自らこの制度に参加したのである。とくに古くから一定の権益を保持してきた教団の場合、この権益が国家権力によって保障されることがこの制度の魅力であった。すなわち、教団管理制度は、国家による統制だけでなく、教団側の既得権益を保護する役割も担っていたのである。

教団の公認化

さて、教団管理制度は理念的にはエジプト国内の教団の統括を謳《うた》う制度であったが、実際にはこの制度がすべての教団をその傘下におさめることができたわけではない。すでに述べたように、この制度は各教団の導師の自発的な参加によって成り立っていた。制度への参加を希望する導師は、バクリー教団導師に認可を申し出て、これが承認されることではじめて政府によって公認された教団としての地位をえることができたのである。

それゆえ、この制度に参加しないいわゆる未公認の教団も数多く存在した。例えば、一つの村だけで活動をするようなごく小規模の教団や、そもそも中央の統制が十分におよんでいない地方部などで活動する教団の場合、この制度に参加せずとも従来と変わらずに活動を継続することができたのである。

この状況に対して、政府側はできるだけ多くの教団をこの制度に組み込むべくさまざまな手段を講じる。例えば、地方で活動する教団の統制をはかるため、行政区ごとにワキールとよばれるバクリー教団導師の代理職を設けた。また、こうした制度の整備だけではすくいきれない部分については個別の対応がなされた。例えば、一八七二年には邸宅内でのスーフィー儀礼の開催が禁止されたが、これはもっぱら特定の施設や個人の邸宅内だけで活動をおこなうような小規模な教団を対象にした措置であったと考えられる。

このような取り組みをつうじて、教団管理制度は着実にその管轄範囲を拡大していった。その拡大の推移を時期別の公認教団の数からみてみよう。公認教団一覧が最初に集計されたのは一八四八年であるが、ここで登録されていた教団の数は二〇であった。なおこの時点ですでにエジプトの四大教団であるアフマディー教団系、ブルハーミー教団系、カーディリー教団系とそのおもな分派、リファーイー教団、およびシャーズィリー教団系とハルワティー教団系の一

<table>
<tr><th colspan="2">アフマディー教団系</th><td>15</td><td>バンダーリー教団</td><td>28</td><td>ハーシミー教団</td></tr>
<tr><td>1</td><td>マルズーキー教団</td><td>16</td><td>ムサッラミー教団</td><td>29</td><td>サンマーニー教団</td></tr>
<tr><td>2</td><td>マナーイファ教団</td><th colspan="2">ブルハーミー教団系</th><td>30</td><td>イドリースィー教団</td></tr>
<tr><td>3</td><td>カンナースィー教団</td><td>17</td><td>シャハーウィー教団</td><td>31</td><td>カーウカジー教団</td></tr>
<tr><td>4</td><td>サラーミー教団</td><td>18</td><td>シャルヌービー教団</td><th colspan="2">ハルワティー教団系</th></tr>
<tr><td>5</td><td>インバービー教団</td><th colspan="2">シャーズィリー教団系</th><td>32</td><td>ダイフィー教団</td></tr>
<tr><td>6</td><td>フムーディー教団</td><td>19</td><td>イーサウィー教団</td><td>33</td><td>サーウィー教団</td></tr>
<tr><td>7</td><td>タクスィヤーニー教団</td><td>20</td><td>アフィーフィー教団</td><td>34</td><td>ヒフニー教団</td></tr>
<tr><td>8</td><td>ハラビー教団</td><td>21</td><td>カースィミー教団</td><td>35</td><td>スィバーイー教団</td></tr>
<tr><td>9</td><td>シュアイビー教団</td><td>22</td><td>ハンドゥーシー教団</td><th colspan="2">その他</th></tr>
<tr><td>10</td><td>シンナーウィー教団</td><td>23</td><td>ティハーミー教団</td><td>36</td><td>リファーイー教団</td></tr>
<tr><td>11</td><td>バイユーミー教団</td><td>24</td><td>アルースィー教団</td><td>37</td><td>カーディリー教団</td></tr>
<tr><td>12</td><td>ザーヒディー教団</td><td>25</td><td>ジャウハリー教団</td><td>38</td><td>サアディー教団</td></tr>
<tr><td>13</td><td>ストゥーヒー教団</td><td>26</td><td>マダニー教団</td><td>39</td><td>ミールガニー教団</td></tr>
<tr><td>14</td><td>アラビー教団</td><td>27</td><td>マッキー教団</td><td>40</td><td>ナクシュバンディー教団</td></tr>
</table>

▲教団管理制度における公認教団一覧（1880年代初頭）

部の分派が名を連ねている。次の一八七二年の一覧ではその数は二九にまで増加し、正確な年は不明であるが一八八〇年代初頭に集計された一覧では四〇にいたり、カイロに拠点をおくシャーズィリー教団系とハルワティー教団系の主要な分派もこの時期までには管理制度に組み込まれた。

このように、一八一二年に導入された教団管理制度は一八八〇年代初頭までにはエジプトのおもな教団を組み込み、教団統制を担う行政制度として一応の完成をみたといえるだろう。しかしながら、この時期には同時に教団を取り巻く状況に大きな変化が生じており、この変化が結果的に教団管理制度の存続をゆるがすことになる。それでは一八八〇年代の変化とはどのようなものであり、これがその後の教団および教団管理制度にどのような影響を与えることになったのだろうか。ここで教団管理制度崩壊の直接のきっかけとなった一八八一年のダウサ禁止令をみていこう。

ダウサ禁止令

ダウサ禁止令は、一八八一年に当時のヘディーヴ[2]、タウフィーク（在位一八七九～九二）が発布した勅令であり、これによりカイロの預言者生誕祭の際にスーフィーたちが公開でおこなっていた奇行の実施が禁止されることになった。

[2] 1867年にオスマン朝からエジプト総督に与えられた称号で，以後1914年にイギリスの保護国となるまで，エジプトの君主はこの称号を名乗った。

さまざまな奇行のなかでも十九世紀にとくによく知られていたのが、ダウサとよばれる儀礼であった。サアディー教団がおこなっていたダウサは、うつぶせに横たわった状態で一列に並んだ信徒たちの上を、導師が馬で踏みつけながら歩くという儀礼であり、導師の聖なる力によって誰一人傷つくことがないと信じられていた。この儀礼は、カイロの預言者生誕祭の最終日のクライマックスを飾る定番の儀礼として人気を博しており、民衆のみならず、この生誕祭を主催するバクリー教団導師も観覧した。さらに、ヘディーヴ自らもこれを観覧して、儀礼を終えたサアディー教団導師の挨拶を迎えることがならわしとなっていた。いわばダウサは政府が後援する一種の公式行事だったのである。

一八八一年の禁止令は、おもにこのダウサを対象とし、それ以外のスーフィーの奇行も一斉に禁止するという前代未聞の措置であった。また、これは政府が教団の活動内容そのものへの規制に乗り出したはじめての試みとしても重要である。政府はここではじめてスーフィーの奇行への黙認や後援という姿勢を改め、その排除へと舵を切ったのである。

それではなぜ、この時期にいたって政府は教団の活動内容の統制に踏み切

▲ダウサ

▲19世紀カイロのアズバキー広場でおこなわれたダウサ
写真中央に信徒たちが横たわって一列をなしている。

ったのだろうか。スーフィーの奇行は先述のように一部のウラマーからは以前より問題視されており、とくに十九世紀後半にはアブドゥをはじめとする改革思想家たちからの批判が高まっていた。これがその背景の一つであったと考えられる。しかしより重要な要因は、こうしたムスリムたちからの批判ではなく、むしろ西洋からの圧力にあった。

十九世紀にはいってエジプトには多くの西洋人が訪れることになったが、そこでスーフィーの奇行を目の当たりにした彼らの多くは、これをおもに人道主義的な観点から「野蛮な」風習であるとして激しく非難した。一方エジプトの側でも、とくにヘディーヴ、イスマーイール(在位一八六三〜七九)の治世下で西洋諸国と並ぶ「近代的な」国づくりへの取り組みが本格化すると、従来の伝統的な習慣をそのままのかたちで維持することが困難になっていった。そして、こうした近

◀アズバキー広場

▶アズバキー庭園

代化と伝統的習慣との間の葛藤が顕在化した場面の一つが、カイロの預言者生誕祭だったのである。

預言者生誕祭はオスマン朝時代からながらくカイロ旧市街の西にあったアズバキー広場で開催されることが慣行となっていた。一方、イスマーイールの治世下ではカイロの再開発が進められ、この広場を起点として旧市街の西側に近代的な新市街が建設されることになる。そして、この広場自体もその中心に西洋式の庭園を備え、周囲に西洋人向けのホテルが建ち並ぶ、いわば新市街にふさわしい姿へと生まれ変わることになった。しかしながら、この新しい広場ではその後も預言者生誕祭が開かれ、そのなかでダウサのようなスーフィー儀礼もおこなわれ続けたことから、この祝祭は広場を訪れた西洋人たちの好奇と非難の視線にさらされる結果となった。いわば預言者生誕祭は、いつのまにか近代的な広場に姿を変えたアズバキー広場のなかに取り残された「場違いな」祝祭となっていたのである。

この状況に対して、西洋人から「野蛮」とみなされたいくつかの慣行を改める必要性が、為政者の間にも認識されるようになる。そしておりしも、一八七六年にエジプトは財政破綻となり、列強の事実上の経済的植民地へと転落すると、西洋からの批判はもはやエジプトの為政者にも無視できない圧力となった。[3] この時期にはイギリス政府が外交ルートをつ

[3] イスマーイールはその近代化事業の資金をヨーロッパの資本家からの借入でまかなったが，これは対外債務の増大を招き，最終的に債務不履行に陥ったエジプト政府は1876年に国家財政の破綻を宣言した。債権国であったイギリスとフランスはエジプトの財政を共同管理下におき，エジプトは事実上両国の経済的な植民地へと転落した。

うじて、エジプトの「野蛮な」習慣の廃止をヘディーヴに求めていたことを確認できるが、その代表としてあげられていたのがダウサをはじめとするスーフィーの奇行であった。一八八一年のダウサ禁止令は、このような圧力を背景として政府がなかば強引にくだした措置だったのである。

ダウサ禁止令によって、以後カイロの預言者生誕祭からは、ダウサをはじめとするスーフィーたちの奇行は一掃された。さらに、この禁止令の発布と同時に、翌年からの預言者生誕祭の開催場所が、アズバキー広場からカイロ郊外のアッバース地区に移されたことも重要である。すなわちスーフィーの祝祭そのものが近代的な都市空間から排除されることになったのである。

しかしながら、これが国内の世論を背景としたものではなく、政府による唐突で一方的な措置であったことから、教団側は強く反発することになる。そしてこの反発は、教団が教団管理制度から離脱するというかたちであらわれた。公認教団の数は一八八〇年代初頭にピークを迎えたのち、今度は徐々に減少していくことになった。最盛期には四〇にのぼった数は、一九〇五年には二九にまで減少した。依然として政府による教団統制制度としての役割をはたしていたとはいえ、一八八一年のダウサ禁止令を契機に、教団管理制度は存続の危機を迎えることになるのである。

教団改革とスーフィー評議会

　ダウサ禁止令そのものはおもに西洋からの圧力を背景に政権が強行した措置であったが、第3章で述べたように、十九世紀後半にはいると、イスラーム改革運動の高まりを背景として、エジプト社会の内部からも教団に対する批判が徐々に高まっていた。

　この状況のなかで、政府は教団管理制度の立て直しと教団活動の規制を柱とする教団改革に着手することになる。教団改革は具体的には一八九五年の教団法と一九〇五年の教団内規の制定というかたちで実施された。教団法と教団内規は、その後一九七六年に新法が制定されるまで、実に八〇年近くにわたって教団の法的な地位を定めた規則として機能し続けることになり、いわば近現代エジプトにおける教団と国家との関係を制度的に決定づけたものである。このうち、教団法はとくに教団管理制度の立て直しを主眼とする行政法であり、一方の教団内規は、高まる教団批判に対応するかたちで、教団の組織や活動の改革を目的とした規則であった。以下、まずは教団法の内容をみながら、教団管理制度が法制化をつうじてどのような制度へと変革していったのかをみてみたい。

　教団法で打ち出されたもっとも重要な規定は、教団を管理する機構として「スーフィー評議会」とよばれる組織が設置され、そこで教団に関する行政的な案件を審議・決定するとされたことである。スーフィー評議会は、各教団の導師たちの選挙で選ばれた八人の候補者のなかから、議長によって任命された四人が評議員となる仕組みとなっており、不完全ながら代議制をとっていることが特徴的である。評議会は民主的な手続きによって選ばれた教団の代表者で構成された機関であり、その点で教団導師たちの意思をある程度は代弁する役割をはたした。

評議会の議長はヘディーヴの任命であり、二十世紀半ばまではバクリー教団導師が続投したものの、法的にはもはやこの一族が世襲する役職ではなくなった。したがって評議会の設置により、バクリー教団導師の権力は弱まり、政府はより直接的に教団行政にその意向を反映させることができるようになった。さらに、評議会そのものの権限も強化された。例えば教団法では、教団のメンバーが導師を介さずに直接、評議会に訴え出る権利が認められたが、これにより評議会は教団内部の問題に直接介入することができるようになった。また、教団導師の自発的な参加を原則としていた旧来の制度とは異なり、教団法では、評議会の決定が「スーフィーを名乗るものすべて」に適用されると規定しており、少なくとも法律上は、教団側の意志にかかわらず、評議会は国内の全教団を統括する行政機関と位置づけられた。[4]

以上、教団法によって刷新された教団管理制度の特徴は次のようにまとめることができる。すなわち、バクリー教団導師個人の宗教権威に依拠し、また教団の自発的な参加で成

[4]「スーフィー評議会」は現在では「スーフィー教団最高評議会」と名称を変え，評議委員の数も大幅に増加している。また議長は大統領によって任命される。

り立つ組合的な制度であった教団管理制度は、スーフィー評議会の設置により、理念上国内すべての教団を政府の統制下におく、より官僚主義的な制度へと刷新されることになった。いわば、ここでエジプトの教団は近代国家の統治制度に完全に組み込まれたのである。

教団の組織化

教団内規は、教団法を補足する行政面の規定のほか、教団の組織や活動、さらには儀礼や教義面にも踏み込んだ、いわば教団そのものの改革をめざした規則である。内規は全五部からなり、大きく分けて四つのテーマがあつかわれている。教団管理制度の実務(第一部、第三部)、人事(第二部)、施設(第四部)、そして教義・儀礼(第五部)である。ここでは人事の規定から、組織面でどのような改革がめざされたのか考えてみよう。

まず導師の地位をあつかった規定では、一人の人物が二つの教団の導師を務めることを禁止する(第二条)とともに、また逆に一つの教団に二人の導師が存在することも禁止している(第三条)。この二つの規定は一教団一導師という、一見当たり前のようにも思える原則を明文化したものであるが、このような規定が設けられた事実は、逆に当時の多くの教団がその原則にそって組織されていなかったことを示唆している。

次にハリーファに関しては、まず導師が町や村ごとにハリーファを任命しなければならない(第九条)としたうえで、導師が毎年地方を巡回してハリーファの活動を監督することを義務づけている(第一〇条)。また、地方に派遣されたハリーファがそこで自らを「導師」と名乗ることを禁じるという規定もみられる(第一一条)。従来、教団内部でのハリーファの自立性は高く、地方ではしばしば彼らが事実上の導師として弟子たちの指導にあたっていたが、これらの規定は彼らの自立性を弱め、教団全体の統括権を導師に集中させることを狙ったものであると解釈することができる。

最後にもう一つ興味深い規定として、導師がハリーファの情報を一覧化して文書で保管することも義務づけられている(第七条)。この規定は、導師に教団の運営責任者として、教団内の人事を管理・掌握させるための措置であったと考えることができる。[5]

以上の人事規定から、教団の組織面の改革の特徴は次のようにまとめることができる。第1章で述べたように、従来多くの教団は、導師が修行の師ではあっても組織の統括者ではかならずしもなく、実態としてはハリーファとその弟子たちを核とする集団が導師の霊的な権威のもとでゆるやかに結びつく分権的な組織であった。これに対して、教団内規の人事規定は、導師を教団組織全体の統括・運営責任者と位置づけ、またハリーファたちを導師の監督のもとに従属させるものであった。すなわち、これらの規定で意図されていたのは、教団を、導師を頂点とする集権的な組織へと再編することにあったといえるだろう。

[5] 1976年に発布された教団行政法では，ハリーファのみならず教団メンバー全員の名簿を文書化して管理することが義務づけられている。

そして、このような集権性はムハンマド・アリーの政府が体現していた近代国家の組織原理そのものであり、いわば改革はこの近代的な組織原理を教団に適用する試みであったと結論づけることができる。

聖性・娯楽の排除とズィクルの規律化

最後に教義や儀礼をあつかった第五部から、教団の活動面ではどのような改革が試みられたのかをみてみよう。第五部では、第一条で「スーフィズムにシャリーアの知とそれにのっとった実践以外の目的があってはならない」と最初にその基本理念が提示されたうえで、残りの条文で具体的な規定が示されている。まず第二条では、教団から排除されるべき教義と儀礼が以下のように列挙されている。

第一に、シャリーアに反する教義として知られるもの。例えばフルールの言辞、イッティハード、ある種の人々による宗教義務の免除など[6]。第二に、シャリーアの規範や行為に反することが知られているすべての事柄。例えば身体を武器で打つこと、虫や蛇を食べること、祝福として人間を踏みつけること、踊るかたちでのズィクル、寝転がること、(ズィクル)において文字を完全に(発音)しないこと、道徳に反するような歌を歌うこと、聖者廟などでザール[7]をおこなうことなど。

6 フルール(受肉)とイッティハード(合一)は「神人合一」にかかわる神秘主義概念であり，スーフィズム初期には神学者たちによって批判された。なおラシード・リダーもその議論のなかでこの二つの概念を誤った教説として退けている。「ある種の人々による宗教義務の免除」が具体的に意味するものは不明であるが，おそらくはマジュズーブを指すものと思われる。マジュズーブは「神に惹きつけられた人」を意味する。その多くは現代医学の観点からは精神障がい者とみなされる人々であり，シャリーアを守らないことはもちろん，常軌を逸した行動をとることも多かったが，しばしば周囲の人々からは聖者とみなされ，崇敬の対象となった。

7 ザールは人々に取り憑いたジン(精霊)を慰撫するという趣旨でおこなわれる民間儀礼。

続く第三条はとくにズィクルに関する条項であり、そこでズィクルは「慎みと尊厳をもち、誠実に神の名を唱え、神を讃える意図でなされなければならない」と述べられている。またマウリドに関する規定では、例えば、第六条では過去五年以内に新たに誕生したマウリドの開催を今後禁止するとし、それ以外のマウリドについても、「娯楽や冗談」がみられるような場所で開催してはならないとしている。同じく、第九条では「冗談や見世物」を目的として集まる人々を会場から排除することが義務づけられている。

以上に紹介した条項から、教団の活動面の改革の特徴は次の二つの点にまとめることができる。一つ目は、それがもっぱら「聖性」と「娯楽」にかかわる実践に焦点を合わせ、それらを教団からできるだけ排除することをめざしたものであったという点である。とくに「娯楽」については、ズィクルにおける「踊り」や「道徳に反する歌」、マウリドにおける「娯楽」「冗談」「見世物」の禁止といった措置でその徹底的な排除がはかられた。一方「聖性」に関しては、これを全面的に排除する措置はとられていないものの、スーフィーの奇行の一斉禁止やマウリドがこれ以上増えることを禁じるなど、これらの規定がその抑制をはかるものであったことは明らかである。

もう一つは「ズィクルの規律化」とでも表現できる特徴である。ズィクルは神に思念を集中する儀礼であるが、最終的にはそこで忘我状態に陥り、神秘体験をえることができる点に醍醐味があった。しかし、忘我状態に陥った参加者が錯乱・失神したりして儀礼の輪を乱すことが多々あり、そのようすはスーフィー儀礼の逸脱性を示すものとしてしばしば批判の対象となっていた。これに対して、第二条のズィクルの様式に関する規定や、第三条の「慎みと尊厳」といった表現は、ズィクルから参加者が忘我状態に陥るような熱狂性を排除し、これを終始規律正しく、秩序を保っておこなう落ち着いた儀礼へと刷新することをめざすものであったとみることができる。

これらの特徴からは、教団の活動面の改革が、改革思想家たちの批判をおおむね受け入れたかたちで展開されたものであったと結論づけることができるだろう。「倫理」をスーフィズムの核にすえた改革思想家たちは、教団からそれ以外の要素をできるだけ排除することをめざしたが、この改革にも同様の志向を見出すことができる。すなわち、そこでは「娯楽」の全面的な排除はもちろんのこと、「聖性」の顕現もできるだけ抑制され、さらにズィクルの規律化というかたちで、その神秘的な側面が少なくともあからさまには表現されることのないように配慮がなされていたのである。そして、聖性や神秘といった信仰が、合理性を命題とする近代的な価値とはあいいれない発想であった以上、エジプトが近代化をはかる過程で、最終的にこうした信仰が排除されていくことはある意味では必然であったともいえるだろう。

第5章　現代スーフィー教団の再生

残された課題

十九世紀末から二十世紀初頭にかけて取り組まれた教団改革は、エジプトが近代国家としての体裁を整えつつある状況下で、スーフィー教団の組織や活動の近代化をはかり、それらを国家の統治体制のなかに組み込む試みであった。それでは、この試みははたして成功したのだろうか。結論をいえば、教団を近代国家体制に組み込むという行政面の目標はある程度達成されたものの、教団そのものの改革は失敗に終わった。多くの教団は依然として分権的な組織のままであり、またマウリドでは、相変わらずスーフィーの「奇蹟」やそこで供されるさまざまな娯楽が民衆を魅了し続けたのである。

結局、教団はその伝統的な組織や活動を守り続けることになるが、このことはその後の教団にとってプラスに働くことはなく、むしろその衰退を導く結果をもたらした。二十世紀のエジプトは世俗化や都市化といった社会の大きな変化を経験するが、この変化に乗り遅れた教団は、その役割を徐々に喪失し、エジプト社会の周縁へと追いやられていくことになったのである。そして二十世紀の半ばを迎えるころまでには、近代化の進むエジプト社会のなかで教団が衰退に向かっていることは、誰の目から見ても明白な事実であると思われた。

しかしながら、二十世紀の後半にさしかかると、この状況に新たな変化がみられるようになる。とくに一九六〇年代末頃から、一部の教団が都市部を中心に急速に教勢を拡大する現象が認められる。そして、この動きは七〇年代以降さらに顕在化していった。おりしもこの時期にはイスラーム主義運動が台頭し、急進派によるテロが世間を騒がせるようになっていたが、このような政治運動の高まりの陰で、教団もまた密かに勢いをもりかえしていたのである。

それでは、一度は衰退に向かった教団はどのようにしてその巻き返しをはかったのだろうか。最後の本章では、二十世紀以降現在までを射程にいれ、教団の衰退からその再生にいたる道のりをみていきたい。

さて、おそらく最初に浮かぶ疑問は、教団改革がなぜ失敗に終わったのかという問いだろう。まず単純な理由をあげれば、それは大多数の教団の側に改革を実行に移すだけの力も、またその意志もなかったことにある。教団内規の諸規定そのものは、教団の組織や活動の抜本的な改革を迫る画期的な内容であったものの、もとより規則を設けるだけでそれが実態に反映されるわけではない。後述のように政府もその厳密な執行には積極的でなかったこともあり、結局は教団内規の規定はかならずしも守られなかったのである。

ただし、このような単純な理由とは別に、この改革の失敗の背後には、政権と教団との関係に由来する、より根本的な原因があった。とくに教団の活動面に関して、その改革が進まなかった理由は次のように説明することができる。

教団の民衆的な人気が聖性や娯楽に支えられていたことを考えれば、これを全面的に切り捨てることは教団と民衆との関係に大きな亀裂をもたらし、結果的にその社会的な存在基盤そのものを切り崩す危険性をはらんでいた。そして、教団をつうじた民衆支配を遂行してきた為政者にとっても、このような事態は決して望ましいものではなかった。結局のところ、教団改革は、それが表面的には教団からの聖性や娯楽の排除を謳《うた》っていたとしても、これを厳密に実行に移すことは、実際には政府にとって歓迎される事態ではなかったのである。教団改革の最大の障害はこの点にあった。

そしてこの問題については、改革のなかではじめから逃げ道も用意されていた。教団の制度的な地位を規定した教団法が法律として正式な手続きをへて制定されたものであったのに対して、教団内規はいわゆる法令ではなく、あくまでもスーフィー評議会の内部規則にすぎなかった。したがって教団内規の強制力は弱く、その規定を実際にどの程度厳密に適用するかは、もっぱら評議会の裁量に委ねられていたのである。

教団内規があくまでも「内規」とされた理由は、何よりも教団側の反発をできるだけ回避するための配慮であったと考えられる。内規そのものは多くの教団に厳しい条件を突きつける内容であったが、他方で政府はこの内規に法的な拘束力がないことを示すことで、教団側に改革を受け入れることを納得させようとしたのである。すなわち、この措置は教団の合意を取りつけつつ、かたちだけであれ改革を実現するための苦肉の策であったとみることができる。

以上をまとめると、改革の失敗は、それが「上からの」改革であったことに起因している。教団側に改革の必要性を認識し、これを自発的におこなう姿勢がみられなかった以上、政府がどれほど革新的な案を用意したところで、それが実質をともなう成果を生み出すことはなかったのである。

このように改革がうわべだけのものにとどまったことから、教団批判の勢いはその後も衰えることはなく、改革思想家たちからはより徹底した再改革の必要性が訴え続けられた。これに対して、政府もさらなる改革を推進する意志があることを示し、また、そのための具体的な取り組みもおこなった。しかし、これが上からの改革というかたちで進められるかぎり、それが最初の改革と同じ運命をたどる結果となることはおのずと明らかであった。教団改革は教団自らの手で進められなければならなかったのである。

教団の周縁化

本章の冒頭で、教団が二十世紀半ばまでに「衰退」に向かったと述べたが、厳密にいえばこの表現は正確ではない。少なくとも民衆レベルでは、教団は二十世紀をつうじ、現在にいたるまで一貫して繁栄を享受し続けてきたといえるのである。これをとくにマウリドを例に、フランスの研究者リュイザールの研究に依りながら、具体的な数字でみてみよう。

彼は一九九一年に発表した論考のなかでマウリドの数やその参加者数などを算出しているが、それによれば、まず毎年エジプト全土で開催されるマウリドの数は少なく見積もっても一二〇、また、ある新聞のまとめでは三〇〇にのぼるとしている。マウリドの参加者については、例えば一九八九年のフサインのマウリドの参加者数は五〇万人と見積もられている。なお、カイロの預言者生誕祭の参加者数は明らかではないが、フサインのマウリドが預言者生誕祭につぐ規模のマウリドであることを考えれば、五〇万人かあるいはそれ以上が参加していたと推測される。一方、エジプトで最大規模のマウリド

▲フサインのマウリドに集まる人々

はタンター市で開催されるアフマド・バダウィーのマウリドであるが、これは一〇〇万人と推計されている。他方で多くのマウリドはより小規模で開催されるが、彼によればこのような小規模なマウリドにしても、通常その参加者は数万人単位であったという。以上の数字からは、マウリドが、現代のエジプトでも、依然として多くの人々を惹きつける祝祭として賑わっている事実を確認することができるだろう。

さて、このような民衆レベルでの教団の繁栄が、政府の支援に支えられていたことは重要である。中世以来続く政権によるスーフィー支援の「伝統」は、エジプトが近代国家へと生まれ変わり、宗教にかわって民族主義が国民統合の理念となったのちも着実に受け継がれていったのである。エジプトは、一九二二年にエジプト王国としてイギリスから名目上の独立をえたのち、一九五三年のエジプト＝アラブ共和国の建国をもって民族国家として自立をはたすが、こうした体制転換のなかでも、政府の教団支援が途切れることはなかった。

しかし、こうした支援の一方で、政府には教団を新生国家の理念や制度に適合した近代的な宗教組織へと変革するという仕事、教団改革も課せられていた。そして、マウリドに代表される民衆的信仰は本来ならばそこで淘汰されるべきものであった。すなわち、政府は、改革を推進して民衆的信仰を排除しなければならなかったが、同時

◀**リファーイー・モスク**（エジプト，カイロ）　リファーイー教団の拠点であるこの巨大なモスクの建設は，ヘディーヴの支援のもと1869年に着工され，1912年に完成した。

に民衆の支持をえるためにはそれを支援し続ける必要もあった。つまり、現代の政権と教団との関係は両義的であり、そのはざ間で、ある種のジレンマをかかえることになったのである。

このジレンマを示す例として、先のリュイザールの論考で紹介されたあるエピソードを取り上げてみよう。一九八九年に開催されたフサインのマウリドでは、政府は地方から参加する人々の鉄道運賃を無料化するという措置をとり、おそらくその効果もあって、先に述べたように、このマウリドは五〇万人もの参加者を迎えることになった。しかし、興味深いことに、政府系の新聞がこのマウリドの話題を大きく取り上げることはなく、そこで政府の支援があったこともあえて宣伝されなかったという。この一見不可解な現象は、政府が民衆的信仰の排除と支援のジレンマのなかで導き出した答えであったとみることができる。マウリドは近代国家エジプトのイメージにはふさわしくない祝祭であるが、しかしながら民衆の信仰の拠り所として保護する必要もあり、こうした矛盾がこのような秘密の支援というかたちであらわれたと考えられるのである。

いずれにせよ、教団は、少なくとも民衆の世界では、彼らの信仰を支える重要な制度としての役割をはたし続けた。とはいえ、とくに都市部においては、教団と市民との結びつきは二十世紀には大きく弱まることになる。そしてこれがいわゆる教団の「衰退」として語られる現象である。

教団衰退のもっとも大きな要因としてあげられるのは、都市化をはじめとする近代における社会構造の変化である。第2章でも述べたように、教団は伝統的に家族・村落・街区などと密接にかかわりながら信者を獲得し、またこうした紐帯《ちゅうたい》で結ばれた地域共同体のなかでさまざまな役割を担ってきた。すなわち人は血縁や地縁などをつうじて自然に教団とかかわっていたのである。

しかし二十世紀には都市化が進展し、共同体的な結びつきが希薄化すると、教団はその存立の基盤を喪失することになる。そして、都市化のなかで誕生・拡大した新たな中間層にとって、教団はもはや彼らの生活に密着した「当たり前」の存在ではなくなっていく。分業化の進んだ都市社会では、教団は数ある社会制度の一つにすぎず、また教団が共同体社会のなかで担っていた教育・社交・相互扶助・救貧など多くの役割が、より近代的な制度、例えば世俗的な教育機関・クラブ・慈善団体あるいは新興の団体などによって担われるようになった。そして、こうした新中間層を構成していたのは、役人・軍人・技術者・（世俗教育機関の）教師といった世俗的・近代的な教育を受けた知識人たちであり、彼らの目には、奇蹟や神秘といった教団の提供する信仰は、非合理的で後進的な前近代の遺物としか映らなくなっていた。一言でいえば、教団は「時代遅れ」なものとなっていたのである。

改革派教団の出現

このように、二十世紀にはとくに都市部で教団の衰退が進行していたが、この状況のなか、一部の教団ではその組織や活動を刷新し、近代社会に適合した新たな教団のあり方を模索する動きもあらわれるようになった。すなわち、教団再生への取り組みが、政府主導の上からの改革というかたちではなく、教団自らの手で始められたのである。

この取り組みを先導したのは、十九世紀末から二十世紀初頭にかけて誕生したいくつかの新興教団であり、そこでは導師たちの強いリーダーシップのもと、集権的な教団組織の整備、逸脱的な教義や儀礼の排除、そして積極的な社会活動といった、組織や活動の近代化が実現された。このような革新的な特徴を有する教団を、ここでは改革派教団とよぶことにする。

改革派教団の斬新な取り組みは成功をおさめ、その多くは一九六〇年代末までにエジプト全土に数万人規模の信徒をかかえる大教団へと成長することになった。またとくに注目すべきは、こうした教団が、近代的・世俗的な教育を受けた都市中間層の間にも多くの信徒を獲得した点にある。すなわち、改革派教団は、単に大勢の信徒を擁するだけでなく、従来、教団とはかかわりの薄かった中流階層の市民を惹きつけることにも成功しているのである。

それでは、改革派教団が実現した近代的な組織や活動とは具体的にどのようなものだろうか。ここで、数ある教団のなかでも、早くから改革に取り組み、教団再生の先駆けとなった教団として知られるハーミディー教団を事例に取り上げ、その組織、教義・儀礼、そして活動の特徴をみながら、改革派教団の成功の秘密を探ってみたい。

ハーミディー教団は、もともとシャーズィリー教団系ファースィー教団のスーフィーであったサラーマ・ラーディー（一八六六／七〜一九三九）が、独立して立ち上げた教団である。この教団が最初に公認教団になったのは一九〇六年であるとされる。

さて、ハーミディー教団の最大の特徴とは、何よりも集権的な組織を実現したことにある。この教団は、導師を頂点とし、その監督のもとで少数の選ばれたハリーファたちが各地の修行場を運営するヒエラルキー構造を備えていた。このヒエラルキーのなかにはさまざまな役職が設けられ、その職務内容が厳密に定められた。そして、こうした組織や機能が「ハーミディー法」とよばれる規約のかたちで明文化されたことも重要である。教団のメンバーは、この規約にしたがって自らの職務を遂行することが求められたのである。

また、その組織力を背景として教団は布教活動にも積極的に取り組んだ。なおこの際、新規入会者の受け入れは、各地のハリーファの裁量に任されるのではなく、本部の方針にそっておこなわれた。希望すれば誰もが教団に加入できるわけではなく、入会希望者の審査がおこなわれていたこともこの教団の特徴である。

教義・儀礼面については、まず、この教団ではシャリーアの規範の遵守と逸脱的な教義や儀礼の排除が謳われていた。ただし、このような原則そのものは、前近代からエリート的教団を特徴づけてきたものであり、またそもそもスーフィーたちがムスリムであることを自覚しているかぎりは、その実態はどうあれ、どの教団でも掲げられる基本原則であったともいえるだろう。ハーミディー教団の特徴は、この原則にそって具体的にズィクルの様式の刷新をはかったことにある。

第4章で述べたように、ズィクルは参加者が忘我状態にはいり、神秘体験をする熱狂的な儀礼であり、また、しばしばその際にみられた参加者の逸脱的な行為が批判の対象ともなっていた。これに対して、ハーミディー教団では、ズィクルの流れを導師が統制し、参加者が忘我状態に陥らないようにその盛り上がりを厳しく抑制するという措置をとった。いわばズィクルの規律化がはかられたのである。

さらに、活動面で注目すべきは、教団の積極的な社会活動とその形態の新しさにある。ハーミディー教団のカイロ本部には、モスクと修行場に加えて、図書館、保育所・小学校・中学校、無料診療所などが併設されており、そこは宗教活動の場にとどまらず、さまざまな社会サービスを受けられる複合的なセンターとしての役割もはたしているのである。

伝統的に教団が宗教活動のみならず、社会のなかでさまざまな役割をはたしてきたことは第2章でも述べたとおりである。その点でこれらの社会活動はこの役割を引き継いだものであるともいえるが、これを近代的な制度を利用して展開したことは、従来の教団にはみられない画期的な取り組みであった。

以上、ハーミディー教団の特徴をまとめてきたが、このような革新性ははたしてどこから生まれたのだろうか。まず、組織の集権化やヒエラルキー化、またズィクルの規律化といった原則が、すでに一九〇五年の教団内規にあらわれていたことに注目したい。ハーミディー教団の公認化が内規発布翌年の一九〇六年であったことなどを考慮すれば、おそらくはこの教団の革新的な特徴の多くが、教団内規の理念を継承し、これを実現させたものであったと考えることができる。実際、オランダの研究者デ・ヨングの分析によれば、ハーミディー法の条文の多くが教団のオリジナルではなく、教団内規を踏襲したものであったという。この点を踏まえれば、改革派教団の出現を導いたのは、結果的には上からの教団改革であったと結論づけることができるかもしれない。

しかし同時に、ハーミディー教団の革新性には、都市部における教団の衰退という現実を踏まえ、これに対する処方箋《しょほうせん》的な性格もみてとることができる。

　これが顕著にあらわれているのが、教団の布教活動である。そもそも、教団が新規メンバーの獲得をめざして勧誘活動をおこなうことはまれであった。それは先にも述べたように、教団が地域共同体と結びついており、血縁や地縁をつうじてメンバーの再生産が自動的におこなわれていたため、あえて教団側から入会を働きかける必然性がなかったためである。

　しかし、都市化によって共同体が崩壊すると、教団は自助努力をつうじてメンバーの確保をおこなう必要に迫られることになった。ハーミディー教団の布教活動はこうした事情を背景に生まれた動きであったといえるだろう。さらに、この布教活動が、その集権的な組織性を利用するかたちで、戦略的に展開されていたことも重要である。勧誘を個々のメンバーに任せるのではなく、中央がその方法や対象を統制することで、教団は例えば特定の社会階層に勧誘の焦点をしぼることができた。また、希望者を容易には受け入れず審査をおこなうことは、とくにエリート層に属する人々に教団のブランドを印象づける効果もあったと思われる。

　最後に述べた社会活動の近代化も、都市社会のなかで従来教団が担っていたさまざまな役割を近代的な制度が担うようになっていた状況をみれば、遅かれ早かれ教団側にもこうした制度を利用する発想が生まれるのは必然であったと思われる。そして、現在では、いわゆる改革派教団のみならず、古いタイプの教団も含めて、エジプトの教団の多くが慈善団体などを創設し、モスク・学校・病院などの運営を手がけているのである。

以上を踏まえて、最後に改革派教団が都市中間層に勢力を広げることができた理由をあらためて考えてみよう。集権的な組織を実現し、その教義や儀礼の規律化をはかることが、教団が近代社会のなかで活動を展開するための必要条件であったことは確かである。その点で、改革派教団の躍進がこのような組織性や規律性に支えられたものであったことはまちがいないだろう。しかし同時に、そのたくみな勧誘戦略や現代的な社会サービスの提供など、教団が人々の嗜好を敏感に察知し、それに合わせてその活動形態を柔軟に変化させていたことも見逃してはならない。そしておそらくは、このように柔軟なかたちで現代の都市社会に適応できたことこそが、改革派教団の成功の鍵であったと考えることができるだろう。

イスラーム復興とスーフィー教団

現代エジプトにおける教団の再生を考えるうえで、改革派教団の躍進と並んで注目しなければならないのは、一般に「イスラーム復興」とよばれるイスラーム覚醒現象である。

Column #03

「アラブの春」とスーフィー教団

「アラブの春」は教団を取り巻く環境にも劇的な変化をもたらした。エジプトでは、教団はながらく政権の強い統制下におかれ、自立した政治活動をおこなうことはほとんどなく、もっぱら政府の政策を翼賛する役割を担ってきた。

しかし、二〇一一年のエジプト革命(一月二十五日革命)によって生じた政治的真空状態のなかで、教団の間にも政治的自立の動きがみられた。ただし、この動きは、教団が政治的自由を謳歌《おうか》した結果というよりは、むしろそれによって苦境に立たされた状況を反映したものである。

権威主義政権が倒れたことで、市民たちは自由を手にすることができたが、これは同時にそれまで政権によって押さえ込まれていたイスラーム主義勢力にも「自由」を与える結果となった。そして、この状況下でとくにめだつようになったのが急進派による暴力行為である。彼らのおもな標的は宗教マイノリティであるコプトであったが、同時にその攻撃はスーフィーたちにも向けられることになった。革命後には各地で急進派によるものと思われる聖者廟への放火事件が頻発するようになり、これは近年スーフィーたちが経験したことのない未曾有のできごとであった。

そして今や政権の後ろ盾をもたないスーフィーたちは、この苦境に自らの力で立ち向か

الجماعة خططت لاستهداف عناصر الشرطة قبل 30 يونيو، وشكلت 5 خلايا بالمحافظات لتنفيذ مخططاتها

«الصوفية» مستعدون لمواجهة السلفيين بالسلاح لتأمين مولد «السيدة»

قالت الطرق الصوفية انها شكلت لجانا شعبية مسلحة من شبابها تحت مسمى "الصوفية الجهادية" لحماية احتفالاتها بمولد السيدة زنيب الذي بدأ ،امس الاول، ويستمر لمدة اسبوع وفي الوقت نفسه ناشد مشايخ الصوفيين وزارة الداخلية. التواجد اثناء الاحتفالات خشية وقوع اشتباكات بين الصوفيين والسلفيين الذين يحرمون الاحتفالات بالموالد

◀スーフィーたちのデモのようすを伝える新聞記事（『ムブタダー・カブラ・アル＝ハバル』，2013年5月30日掲載）

わなければならなくなった。ここで一部の教団が結束し、自分たちの権利を守るためのさまざまな活動を展開していくことになる。彼らはウラマーとも協力関係を築きながら、急進派の暴力行為を非難し、これに反対するデモを組織するなど積極的な運動をおこなった。

さらに、革命後初の人民議会選挙に際して、いくつかの教団が連携し、自分たちの政党を結成するにもいたった。なお、この連携を率いていたアズミー教団が、現代のエジプトで最大規模の勢力を誇る改革派教団の一つであることにも注目したい。すなわちここでも、教団の新しい動きを先導したのは改革派教団だったのである。

歴史的にみれば、教団が政治的な役割を担うことはめずらしくない。現代でも、エジプト以外の国ではすでに教団が政党政治に参加する例もみられる。しかしながら、ながらく政権の徹底した統制のもとで政治的自立性を奪われていたエジプトの教団にとって、こうしたかたちでの政治参加ははじめての経験である。「アラブの春」を契機に生じたこの新しい動きは将来の教団の行方にどのような影響を与えていくのだろうか。注意深くみまもっていきたい。

とくに一九七〇年代以降、政治・社会・文化などのあらゆる領域でイスラーム的価値の復権がみられるようになり、そのなかで教団もまたその勢いをもりかえすことになるのである。

ただし、これは市民が教団にふたたび関心をもつようになったという理由だけで説明される現象ではない。そこには政治的な要因が深くかかわっていたのである。

まず、そもそもイスラーム復興は、市民の間のイスラーム意識の覚醒だけでなく、政府の後押しで隆盛したという側面があった。一九七〇年に大統領に就任したサーダート(在任一九七〇~八一)は、先代のナセル政権を支えてきた左派勢力の排除をもくろみ、そのためにイスラームを利用しようと試みた。そしてそのなかで、彼は国内の宗教勢力への支援を強化していくが、ここで教団もまたその恩恵に与《あずか》ることになったのである。

なかでも改革派教団は、政府の進める教団改革の理念を体現した教団としてもてはやされ、これがその躍進をさらに促すことになった。デ・ヨングによれば、この時期、エジプトの教団を調査するためにスーフィー評議会を訪れた研究者たちがまず紹介されるのはハーミディー教団であったという。この教団はいわば模範的な教団として政府のお墨つきをえていたのである。

そして最後に、教団はイスラーム主義勢力への対抗勢力としても利用された。サーダートの親イスラーム政策は結果としてイスラーム主義勢力の台頭をもたらし、その後、政府は彼らの押さえ込みに苦慮することになるが、そこで活用されたのが、イスラーム主義勢力と対立関係にあるスーフィー教団であった。教団の導師たちは公の場に駆り出され、そこで政府の見解にそった「正しい」イスラームを人々に説く役割を与えられたのである。

以上、一九七〇年代以降の教団の再生は、市民たちのイスラーム覚醒を背景としつつも、当時の政治状況が大きく反映されるかたちで生み出された現象であった。とくに、イスラーム主義勢力との対立が、むしろ教団を利する結果をもたらしていたことは興味深い。

このような「教団再生」は、教団が本来の宗教理念からはずれ、世俗権力に取り込まれた姿であり、結局、政府の完全な統制下で、その道具として利用されているに過ぎないと批判されるかもしれない。たしかにそれを否定できない側面もあるが、しかし別の見方をすることも可能である。すなわち、教団は政府に従属し、その政策に適度に順応することで、結果としては弾圧を受けることなく今日まで生き延びることができたともいえるのである。また政府側も、民衆支配には教団の協力を欠かすことができず、

◀スーフィー教団最高評議会が発行する月刊誌『イスラーム的スーフィズム』(1979年創刊)

教団への支援を絶やすことはできなかった。

いわば教団は政権ともちつもたれつの関係を築いており、この点で教団は政府に利用されるだけでなく、逆に政府を利用してその存続をはかってきたといえるだろう。教団は、その時々の政治状況や社会変化に柔軟に対応しつつ、現代のエジプトでもその伝統的な信仰をしたたかに守り続けているのである。

参考文献

新井一寛「タリーカにおける組織的革新性と宗教的感情の発露――現代エジプトにおけるジャーズーリーヤ・シャーズィリーヤ教団の事例を通じて」(『日本中東学会年報』二〇‐一、二〇〇四年)
大塚和夫『近代・イスラームの人類学』東京大学出版会、二〇〇〇年
大塚和夫ほか編『岩波イスラーム辞典』岩波書店、二〇〇二年
大稔哲也「ムスリム社会の参詣と聖者生誕祭――エジプトの歴史と現況から」(赤堀雅幸編『民衆のイスラーム――スーフィー・聖者・精霊の世界』〈異文化理解講座七〉山川出版社、二〇〇八年)
私市正年「ブルハーミー教団と現代エジプトのイスラーム復興」(私市正年・栗田禎子編『イスラーム地域の民衆運動と民主化』東京大学出版会、二〇〇四年)
小杉泰「現代イスラームにおける宗教勢力と政治的対立――カイロにおけるアズハル＝フセイン複合体とサラフィー主義」(『国立民族学博物館研究報告』一一‐四、一九八六年)
古林精一「近代エジプトにおけるサラフィーヤ運動とスーフィズム」(『史林』六一‐一、一九八六年)
古林精一「神秘主義教団の実像」(佐藤次高編『イスラム・社会のシステム』筑摩書房、一九八六年)
ティエリー・ザルコンヌ(東長靖監修、遠藤ゆかり訳)『スーフィー――イスラームの神秘主義者たち』創元社、二〇一一年
高橋圭「タリーカの制度化とスーフィー教団組織の成立――十八世紀後半から二十世紀前半エジプトにおけるタリーカの変容」(『オリエント』四九‐一、二〇〇六年)
高橋圭「近代エジプトにおけるタリーカ批判の転換点――一八八一年ダウサ禁止をめぐる議論から」(『オリエント』五三‐一、

二〇一〇年）
東長靖「「多神教」的イスラーム——スーフィー・聖者・タリーカをめぐって」（歴史学研究会編『社会的結合と民衆運動』青木書店、一九九九年）
東長靖「イスラームの聖者論と聖者信仰——イスラーム学の伝統のなかで」（赤堀雅幸編『民衆のイスラーム——スーフィー・聖者・精霊の世界』〈異文化理解講座七〉山川出版社、二〇〇八年）
東長靖「スーフィズムの成立と発展」（佐藤次高編『イスラームの歴史一』〈宗教の世界史一一〉山川出版社、二〇一〇年）
東長靖『イスラームとスーフィズム——神秘主義・聖者信仰・道徳』名古屋大学出版会、二〇一三年
中村廣治郎『イスラム教入門』岩波書店、一九九八年
中村廣治郎『イスラムの宗教思想——ガザーリーとその周辺』岩波書店、二〇〇二年
レナルド・A・ニコルソン（中村廣治郎訳）『イスラムの神秘主義——スーフィズム入門』平凡社、一九九六年
福永浩一『初期ムスリム同胞団関連資料——「ハサン・バンナー著『ダアワと教宣者の回想』」を中心に』上智大学イスラーム研究センター、二〇一三年
堀川徹「タリーカ研究の現状と展望——道、流派、教団」（赤堀雅幸・東長靖・堀川徹編『イスラームの神秘主義と聖者信仰』東京大学出版会、二〇〇五年）
矢島洋一「タリーカにおける世襲の問題」（赤堀雅幸・東長靖・堀川徹編『イスラームの神秘主義と聖者信仰』東京大学出版会、二〇〇五年）
横田貴之『原理主義の潮流——ムスリム同胞団』（イスラームを知る一〇）山川出版社、二〇〇九年

Abun-Nasr, Jamil M., *Muslim Communities of Grace: The Sufi Brotherhoods in Islamic Religious Life,* New York: Columbia University Press, 2007.

Behrens-Abouseif, Doris, *Azbakiyya and Its Environs: From Azbak to Ismā'īl*, 1476–1879, Le Caire: IFAO, 1985.

Chamberlain, Michael, "The Crusader Era and the Ayyūbid Dynasty," Carl F. Petry ed., *The Cambridge History of Egypt,* vol. 1, Cambridge: Cambridge University Press, 1998.

Chih, Rashida, *Le soufisme au quotidien: confréries d'Egypte au XXe siècle*, Arles: Actes Sud, 2000.

De Jong, Frederick, "The "Uniqueness" of al-Hāmidiyya al-Shādhiliyya, its Qānūn, and related matters (Review of M. Gilsenan, *Saint and Sufi in Modern Egypt: An Essay in the Sociology of Religion*)," *Journal of Semitic Studies* 19–2, 1974.

De Jong, Frederick, *Ṭuruq and Ṭuruq-linked Institutions in Nineteenth Century Egypt: A Historical Study in Organizational Dimensions of Islamic Mysticism*, Leiden: Brill, 1978.

De Jong, Frederick "Aspects of Political Involvement of Sufi Orders in 20th-century Egypt (1907–1970): An Exploratory Stock-Taking," G. M. Warburg & U. M. Kuperschmidts eds., *Islam, Nationalism and Radicalism in Egypt and Sudan*, New York: Praeger, 1983.

Delanoue, Gilbert, *Moralistes et politiques musulmans dans l'Egypte du XIXe siècle (1798–1882)*, 2 vols., Le Caire: IFAO, 1982.

Gilsenan, Michael, *Saints and Sufis in Modern Egypt: An Essay in the Sociology of Religion*, Oxford: Oxford University Press, 1973.

Green, Nile, *Sufism: A Global History*, The Atrium: Wiley-Blackwell, 2012.

Hatina, Meir, "Religious Culture Contested: The Sufi Ritual of Dawsa in Nineteenth-Century Cairo," *Die Welt des Islams* 47–1, 2007.

Hoffman, Valerie, *Sufism, Mystics and Saints in Modern Egypt*, Columbia: Columbia University Press, 1996.

Homerin, Th. Emil, "Sufis and their Detractors in Mamluk Egypt: A Survey of Protagonists and Institutional Settings," F. de Jong & B. Radtke eds., *Islamic Mysticism Contested: Thirteen Centuries of Controversies and Polemics*, Leiden: Brill, 1999.

Hourani, Albert, *Arabic Thought in the Liberal Age, 1798-1939*, Cambridge: Cambridge University Press, 1962.

Johansen, Julian, *Sufism and Islamic Reform in Egypt: The Battle for Islamic Tradition*, Oxford: Oxford University Press, 1996.

Luizard, Pierre-Jean, "Le soufisme égyptien contemporain," *Egypte/Monde Arabe* 2, 1990.

Luizard, Pierre-Jean, "Le rôle des confréries soufies dans le système politique égyptien," *Maghreb-Machrek* 131, 1991.

Sirriyeh, Elizabeth, *Sufis and Anti-Sufis: The Defense, Rethinking and Rejection of Sufism in the Modern World*, Richmond: Curzon Press, 1999.

Trimingham, James S., *The Sufi Orders in Islam*, Oxford: Oxford University Press, 1971.

Winter, Michael, *Egyptian Society under Ottoman Rule, 1517-1798*, London & New York: Routledge, 1992.

図版出典一覧

著者撮影 カバー表・裏, *33*右上, *33*左上, *33*中, *33*下, *69*, *89*
佐藤次高『イスラーム世界の興隆』(世界の歴史８) 中央公論社，1997年，181頁をもとに作成。 *14*
東長靖氏提供 *18*
中澤渉氏提供 *43*
ユニフォトプレス *12*, *67*
Behrens-Abouseif, Doris, *Azbakiyya and Its Environs: From Azbak to Ismā'īl, 1476-1879,* Le Caire: IFAO, 1985. *74*上, *74*下
Biegman, Nicolaas, *Egypt: Moulids Saints Sufis,* The Hague: Gary Schwartz/SDU & Kegan Paul International, 1990. *88*
Biegman, Nicolaas, *Living Sufism: Sufi Rituals in the Middle East and the Balkans,* Cairo & New York: The American University in Cairo Press, 2009. *11*下, *34*, *40*, *41*下
'Enayat, Hamid, *'Seyri Dar Andishe-ye Siyasi-ye Arab: Az Hamle-ye Napole'un Be Mesr Ta Jang-e Jahani-ye Dovvom,* Tehran, 1991-92. *55*左
Farman, Elbert E., *Egypt and Its Betrayal,* New York: The Grafton Press, 1908. *73*右
Friedlander, Shems, *The Whirling Dervishes: Being an Account of the Sufi Order Known as the Mevlevis and Its Founder the Poet and Mystic Mevlana Jalalu'ddin Rumi,* Albany, State University of New York Press, 1992. *17*
Jāmi', Muḥammad, Wa 'Araftu al-Ikhawān, Cairo, 2004, p.11, p.67. *63*
Lane, Edward W., *An Account of the Manners and Customs in the Modern Egypt: Written in Egypt during the years 1833-1835,* The Definitive 1860 ed., Cairo & New York: The American University in Cairo Press, 2003. *41*上, *73*左
Mayeru-Jaouen, Cathrine, *Histoire d'un pèlerinage légendaire en Islam: le mouled de Tantâ du XIIIe siècle à nos jours,* Paris: Aubier, 2004. *44*
Sonbol, Sherif & Atia, Tarek, *Mulid!: Carnivals of Faith,* Cairo: The American University in Cairo Press, 1999. *48*, *49*
Theolin, Sture, et al., *The Torch of the Empire: Ignatius Mouradgea d'Ohsson and the Tableau général of the Ottoman Empire in the Eighteenth Century,* İstanbul: Yapi Kredi Kültür Sanat Yayıncılık Ticaret ve Sanayi A. Ş., 2002. *11*上
Warner, Nicholas ed., *An Egyptian Panorama: Reports from the 19th Century British Press,* Zeitouna: Boraïe, Shaalan & Co., 1994. *11*中
Egyptian Kingdom/Ministry of Waqfs, *The Mosques of Egyp*t, vol.2, London: Hazar, 1992. *16*
Al-Munjid fī al-Lugha wa al-A'lām, Bayrūt: Dār al-Mashriq, 1992. *55*中, *55*右
Al-Taṣawwuf al-Islāmī, 308, 2004. 9. *101*
Mubtadā qabla al-Khabar紙 *99*

高橋 圭（たかはし けい）

1974年生まれ。

慶應義塾大学文学部卒業。

慶應義塾大学大学院文学研究科修士課程修了。

上智大学大学院外国語学研究科博士後期課程単位取得退学。

博士（地域研究）。

専攻，近現代イスラーム史，中東近代史，現代スーフィズム研究。

現在，東洋大学文学部史学科助教。

主要著作：「近代エジプトにおけるタリーカ批判の転換点――1881年ダウサ禁止をめぐる議論から」『オリエント』53-1（2010），「現代アメリカのムスリム社会とスーフィー聖者――ムハンマド・ナーズィム・アーディル・ハッカーニーの聖者伝の分析から」髙岡豊・白谷望・溝渕正季編著『中東・イスラーム世界の歴史・宗教・政治――多様なアプローチが織りなす地域研究の現在』（明石書店，2018），「伝統と現実の狭間で――現代アメリカのスンナ派新伝統主義とジェンダー言説」『ジェンダー研究』21号（2019），「アメリカにおける若者世代のコミュニティ形成と社会運動」長沢栄治監修，鷹木恵子編著『イスラーム・ジェンダー・スタディーズ2 越境する社会運動』（明石書店，2020），“Revaluating *Ṭarīqas* for the Nation of Egypt: Muḥammad Tawfīq al-Bakrī and the *Ṭarīqa* Reform 1895-1905,” *Orient* XLVI（2011）.

イスラームを知る16
スーフィー教団《きょうだん》　民衆《みんしゅう》イスラームの伝統《でんとう》と再生《さいせい》
2014年8月5日　1版1刷印刷
2020年9月5日　1版2刷発行
著者：高橋《たかはし》 圭《けい》
監修：NIHU（人間文化研究機構）プログラム イスラーム地域研究
発行者：野澤伸平
発行所：株式会社 山川出版社
〒101-0047　東京都千代田区内神田1-13-13
電話　03-3293-8131（営業）8134（編集）
https://www.yamakawa.co.jp/
振替 00120-9-43993
印刷所：株式会社 プロスト
製本所：株式会社 ブロケード
装幀者：菊地信義
 ISBN978-4-634-47476-5